기획·tvN STORY 〈벌거벗은 한국사〉 제작진

과거의 어느 시간대로든 떠나, 우리나라 역사 속의 중요한 사건과 흥미로운 인물들을 만날 수 있는 '역사 스토리텔링' 프로그램을 만들었습니다. 우리 역사의 장면을 재밌고 흥미진진하게 전달하면, 여러분의 기억 속에 오래 남을 수 있을 거라는 생각으로 만든 것이 〈벌거벗은 한국사〉입니다.

글·윤진숙

"옛것을 거울 삼아 오늘을 비춘다." 중학생 시절, 국사 선생님의 이 한마디가 가슴에 콕 박혔던 때부터 한국사, 세계사를 사랑하는 역사 마니아가 됐습니다. 그 마음을 이어 가기 위해 이화여자대학교에서 사학을 공부했습니다. 역사만큼이나 글쓰기도 좋아하여 시사·교양 다큐멘터리 프로그램을 만드는 방송 작가로 일했고, 아이들에게 글쓰기와 한국사를 가르쳤습니다. 〈벌거벗은 한국사〉는 우리 아이들이 역사의 재미를 느끼고, 바람에 흔들리지 않는 뿌리 깊은 나무로 성장하기를 바라는 마음을 담아 썼습니다.

그림·이효실

중앙대학교에서 한국화를 공부하고 영국 킹스턴 대학교에서 일러스트레이션을 공부한 뒤, 현재 어린이책 그림 작가로 활동하고 있습니다. 차분하면서도 편안한 그림으로 아이들의 마음을 따뜻하게 담아냅니다. 《난 꿈이 없는걸》《쉿! 갯벌의 비밀을 들려줄게》《가족 바꾸기 깜짝 쇼》《좋아서 껴안았는데, 왜?》《부릅뜨고 꼼꼼 안전》《부릅뜨고 똑똑 표지판》을 비롯해 여러 어린이책에 그림을 그렸습니다.

감수·임기환

서울대학교 국사학과를 졸업하고 경희대학교 대학원에서 박사 학위를 받았습니다. 현재 서울교육대학교 사회과교육과 명예 교수이며 교육전문대학원장을 지냈습니다. 한국고대사학회 회장, 역사학회 부회장을 지냈습니다. 지은 책으로 《고구려 정치사 연구》《고구려와 수·당 70년 전쟁》이 있고, 함께 지은 책으로 《미래를 여는 한국의 역사 1》《온달, 바보가 된 고구려 귀족》《고대로부터의 통신》《고구려 문명 기행》《고구려 유적의 어제와 오늘》《고구려 왕릉 연구》《현장 검증 우리 역사》《고구려 평양성의 막강 삼총사》 등이 있습니다. 더 많은 이에게 우리나라 고대사에 관한 다양한 이야기를 들려주기 위해 tvN STORY 〈벌거벗은 한국사〉에 출연했습니다.

'이 땅에서 현재를 살아가는 우리, 이 땅에서 살았을 우리 조상들. 비록 살았던 시간은 다르지만 같은 땅을 딛고 산 수많은 사람들. 그들은 과연 어떤 삶을 살았을까?'
저희는 이러한 질문에서부터 시작했습니다. 그리고 이 궁금증을 어떻게 해결할 수 있을지 고민했습니다. 이런 고민 속에서 우리는 뜻을 모을 수 있었습니다.

〈벌거벗은 한국사〉는 과거행 특급 열차 히스토리 트레인 익스프레스(HTX, History Train Express)를 타고, 한국사 여행을 떠납니다. 반만년 우리 역사의 수많은 사건과 인물들이 있는 '역사의 현장'에 도착하지요. 그리고 그 뒤에 숨은 이야기를 벌거벗겨 봅니다.

많은 역사적 사실들은 어렵고 딱딱하고 접근하기 어려운 부분이 있지만, 역사의 현장감을 살린 쉽고 재미있는 스토리텔링 방식이라면 한국사를 부담 없이 즐길 수 있을 거예요.

이 책은 방송 프로그램에서 방영되었던 방대한 역사적 사건과 인물들 중 초등학생이 꼭 알아야 할 필수적인 이야기를 엄선했어요. 주인공들과 함께 HTX를 타고 과거로 가 생생한 현장을 마주하고, 매직 윈도로 당시와 현재를 보면서 한국사를 낱낱이 벌거벗기는 여행을 합니다. 이 과정을 통해 어린이는 스스로 '역사 속 주인공'이 되어 몰입할 수 있어요. 역사 지식을 단순히 아는 것에서 나아가 사건과 인물이 처한 환경과 인과 관계까지 파악할 수 있어 역사적 사고력을 키울 뿐만 아니라, 올바른 역사의식도 세울 수 있지요.

그럼, 지금부터 한국사 여행 출발해 볼까요?

등장인물

HTX 기관사 한역사
이름에서 풍겨 나오는 역사의 냄새!
한국사를 꿰뚫고 있는 역사 선생님!
선생님이라고 말하지 않으면 옆집 아저씨 같다.
수일 동안 작업실에서 뚝딱뚝딱하더니
HTX 열차를 개발했다. 이쯤이면
역사 선생님인지 과학자인지 헷갈릴 정도!

HTX VIP 탑승객 고왕국 교수
한 쌤의 대학교 은사.
한국 고대사 분야에서 독보적인 존재.
삼국 시대의 유적과 유물을 발굴하는
고대사 발굴 팀을 이끌고 있다.

차례

등장인물 • 6
프롤로그 • 10

후삼국 시대를 연 궁예

- **1장** 궁예가 후고구려를 세우기까지 • 18
- **2장** 폭정으로 몰락한 궁예의 최후 • 44

500년 고려의 시작, 태조 왕건

- **3장** 고려를 세운 왕건 • 64
- **4장** 왕건, 후삼국을 통일하다 • 80

에필로그 • 116

| 676 신라의 삼국 통일 | 698 발해 건국 | 900 후백제 건국 | 901 후고구려 건국 |

세계사

712 당 현종 즉위 | 794 일본 헤이안 시대 시작 | 843 베르됭 조약 | 875 황소의 난

<벌거벗은 한국사>
방송 시청하기

↳ 4회   ↳ 58회

역사 정보

❶ 시대 배경 살펴보기 · 122

❷ 인물 다르게 보기 · 124

❸ 또 다른 역사 인물들 · 126

· 주제 마인드맵 · 128

벌거벗은 한국사 퀴즈

· 궁예 편 · 130

· 왕건 편 · 132

· 정답 · 134

사진 출처 · 135

---

918 고려 건국

926 발해 멸망

936 고려의 후삼국 통일

943 태조 왕건 사망

907 당나라 멸망

916 요나라 건국

프롤로그

HTX에 타자마자 한 쌤이 아이들에게 휴대폰으로 사진을 한 장 보여 주었어요. 그 사진을 보고는 여주가 깜짝 놀라 말했어요.

"어머나, 이건 지난주에 사촌들과 축구장 갔을 때 찍힌 사진인데요? 어떤 기자분이 사진을 찍어도 되냐고 하셔서 괜찮다고 했더니 다음 날 신문에 실렸더라고요, 히힛. 혹시 오늘은 제가 살아온 역사를 알아보는 건가요?"

만세가 어이없다는 듯 콧방귀를 뀌었어요.

"여주야, 신문에 나긴 했어도 네가 한국을 빛낸 역사적인 인물은 아니잖아!"

옆에서 지켜보던 한 쌤이 빙긋 웃으며 대답했어요.

"하하. 여주가 한국을 빛낸 위대한 인물이 될 수도 있지! 그런데 오늘 우리가 찾아가는 시대는 여주가 손에 든 응원 수건에 적힌 글자와 관련이 있단다."

그러자 마이클이 고개를 갸우뚱하며 중얼거렸어요.

"코리아? 한국 역사에 '코리아 시대'가 있었나요? 조선 시대, 삼국 시대는 있어도 코리아 시대는 없었는데요?"

그 말을 듣고 만세가 킬킬거렸어요.

"뭐? 코리아 시대? 그런 게 어딨어? 고려 시대면 고려 시대지, 큭큭!"

여주가 번뜩 생각이 떠오른 듯 소리쳤어요.

"아, 잠깐만! 코리아는 고려랑 발음이 비슷한데요! 코리아는 우리나라 영어 이름인데……."

그러자 고왕국 박사님이 여주에게 질문을 던졌어요.

"코리아라는 영어 이름은 언제부터 사용됐을까요?"

"그쯤은 상식이죠! 고려 시대요!"

고 박사님이 여주를 칭찬하며 말했어요.

"사극 덕후답게 잘 알고 있구나. 맞아. 고려 시대에는 멀리 아라비아 상인들도 와서 인삼이며 도자기 등을 사 갔어요. 그때 상인들이 고려를 '코레(Core)'라고 불렀고, 그 이름이 서양에 퍼지게 되었지요. 시간이 지나면서 '코레아(Corea)'라는 단어를 거쳐 오늘날의 영어식 표기인 '코리아(Korea)'가 탄생했어요."

고왕국 박사가 설명을 마치자 만세가 나섰어요.

"그럼 오늘은 고려 시대로 가는 건가요? 고려 시대 하면 고려청자, 팔만대장경이죠!"

만세의 대답을 듣고 한 쌤이 기특해하며 말했어요.

"만세도 이제 한국사 상식이 풍부해졌구나. 그런데 오늘은 고려가 세워지기 직전으로 가 볼 거랍니다."

한 쌤이 말을 마치자 매직 윈도 화면이 바뀌었어요. 매직 윈도에 나타난 지도를 보던 마이클이 고개를 갸우뚱했어요.

"후백제, 신라는 들어 봤는데 '태봉'은 처음 들어 봐요. 한국 역사에 태봉이라는 나라가 있었나요?"

다른 아이들도 호기심 가득한 표정으로 고왕국 박사를 쳐다봤어요.

"태봉. 낯선 이름이지요? 잠깐 지난번 여행을 떠올려 볼까요? 676년, 신라가 백제와 고구려를 멸망시키고 삼국 통일을 했지요. 하지만 200여 년 뒤 다시 세 나라로 쪼개졌고, 또 한 번의 삼국 시대가 시작되지요. 이 시기를 '후삼국 시대'라고 부르는데, 이때 태봉이란 나라가 잠깐 있었어요."

여주가 눈을 반짝이며 나섰어요.

"삼국 시대 시즌 투쯤 되는군요!"

한 쌤이 재미있다는 듯 웃으며 말했어요.

"허허. 그렇게도 말할 수 있겠군요. 태봉은 후삼국 시대에 가장 영토가 넓은 나라였지만, 우리에게는 낯선 이름이지요. 하지만 태봉의 왕은 누구나 알 거예요. 그 왕의 이름은 바로……궁예예요!"

한 쌤이 말을 마치자마자 만세가 외쳤어요.

"저 알아요! '누가 기침 소리를 내었는가?'라는 유행어를 만든 사람이잖아요?"

여주가 어이없어하며 말했어요.

"만세야, 그건 드라마에서 만든 대사라고. 궁예가 실제로 그런 말을 했는지는 몰라."

고 박사님이 천천히 설명해 나갔어요.

"궁예 하면 많은 사람이 '폭군' 이미지를 떠올리지요. 하지만 궁예는 혼란스러웠던 통일 신라 시대에 군사들과 함께하며 군사들의 마음을 잘 헤아려 준 장군이자 왕이었어요. 그러다가 가장 총애하던 부하 왕건에게 쫓겨나게 되지요."

고 박사님의 설명이 이어졌어요.

"왕건은 궁예 밑에서 궁예가 세운 나라인 후고구려가 세력을 키우는 데 큰 역할을 했어요. 하지만 나중에는 궁예를 몰아내고 왕좌에 올라 고려를 건국하기에 이르지요."

고 박사님이 설명을 마치자 한 쌤이 덧붙였어요.

"오늘은 그들이 어떤 과정을 거쳐 왔는지, 다시 후삼국을 통일하는 과정에서 어떻게 고려라는 나라가 탄생하게 되는지 낱낱이 살펴볼 거예요. 후고구려를 세운 궁예와 그를 몰아내고 고려를 세운 왕건. 그 내막을 벗기러 과거로 떠납니다. 그럼 일곱 번째 한국사 여행을 시작해 볼까요?"

한 쌤이 매직 윈도를 누르자 HTX가 서서히 플랫폼을 출발했어요.

후삼국 시대를 연 궁예

궁예가 후고구려를 세우기까지

> 하하. 절반은 맞혔네요. 궁궐은 맞아요. 그런데 후삼국 시대, 태봉국의 궁궐을 재현한 것이에요.

> 엄청 넓다! 여긴 어디지?

> 딱 보면 모르냐? 경복궁이잖아!

> 경복궁은 조선 시대 거잖아. 우리는 지금 후삼국 시대에 와 있다고!

지금 우리는 911년 강원도 철원, 태봉의 도읍지에 와 있어요.

태봉은 후고구려를 세운 궁예가 도읍을 철원으로 옮기면서 새로 지은 나라 이름이지요. 궁예는 왕으로서 강력한 권력을 갖고 싶어 했어요. 그래서 태봉의 도성인 철원성을 아주 큰 규모로 건설했지요. 철원성은 외성 둘레만 약 12킬로미터고 내성 둘레는 7킬로미터가 넘었어요. 당시로서는 어마어마했지요. 도성만 보아도 궁예의 포부가 남달랐음을 짐작해 볼 수 있어요.

그런데 흥미로운 사실이 하나 있어요. 궁예는 어린 시절에 속세에서 떨어져 살았어요. 한동안 절에 들어가 승려로 지냈지요. 그러던 궁예는 왜, 어떤 계기로 세상에 다시 나와 한 나라를 세우기에 이르렀을까요? 어떻게 그렇게 큰 권력을 얻을 수 있었을까요? 이번 여행에서 한번 알아보아요!

버림받은 왕자

궁예는 통일 신라 말기, 왕위 다툼이 아주 치열했던 혼란기에 태어났어요. 그런데 태어나자마자 끔찍한 일을 당하게 됩니다. 한 남자가 포대기에 싸인 갓난아기 궁예를 지붕 처마 아래로 내던진 거예요! 천만다행히 그 밑에 있던 한 유모가 떨어지는 궁예를 받아 안았어요. 궁예는 간신히 목숨을 건졌지만, 품에 안은 궁예를 본 유모는 깜짝 놀랐어요. 갓난아기의 눈에서 피가 철철 흘러내리고 있었거든요. 유모가 어렵사리 아기를 받는 순간, 실수로 눈을 찌르고 만 거예요. 이 사고로 궁예는 한쪽 눈을 영영 잃게 되지요.

그런데 그 남자는 도대체 왜 궁예를 죽이려 했을까요? 궁예에게는 출생의 비밀이 있었어요.

사실 궁예는 신라의 왕자였어요. 후궁에게서 나온 아들이었기 때문에 궁예는 궁궐 밖에 있는 외갓집에서 태어났지요. 그런데 궁예가 태어나던 날, 신기한 일이 벌어졌어요. 외갓집 지붕 위에 하얀색 빛이 무지개처럼 드리워진 거예요. 그리고 희한하게도 궁예는 날 때부터 이가 있었어요. 무엇보다 태어난 날짜가 문제였어요. 궁예는 5월 5일에 태어났는데, 당시 사람들은 숫자 5가 겹치는 날에 태어난 아이는 양기가 아주 세서 부모를 불행하게 만든다는 잘못된 믿음이 있었어요.

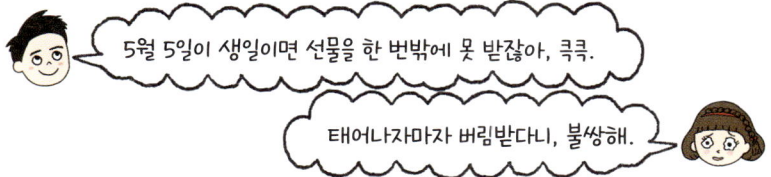

그 소식이 전해지자 궁궐은 발칵 뒤집혔어요. 일관˙은 궁예와 관련된 일들이 전부 나라에 해로운 징조라고 풀이했어요. 그러면서 왕에게 궁예는 불길한 운을 타고난 아이라서 분명 나라에 해를 끼칠 테니 살려 두면 안 된다고 보고한 거예요. 그 말을 들은 왕이 사람을

일관
왕의 가까이에서 천문·지리·역학 등을 통해 좋고 나쁨을 가리는 일을 맡은 관직을 말한다.

보내 아기를 없애라고 명령했지요.

하지만 한 유모의 기지 덕에 궁예는 목숨을 구할 수 있었어요. 유모는 갓난 궁예를 품에 안고 아무도 찾을 수 없는 먼 곳으로 도망쳤어요. 그리고 궁예의 출신이 발각될세라 늘 마음 졸이면서도, 친아들처럼 정성껏 키웠지요. 궁예는 자신이 신라의 왕자인 줄은 꿈에도 모르고 성장합니다.

그런데 궁예는 자라면서 마을의 놀림거리 신세가 되었어요. 갓난아기 때 한쪽 눈을 다쳐 외모가 눈에 띄는 데다 아버지도 없는 처지였으니까요.

"어이쿠! 나타나셨군. 눈이 하나밖에 없어 앞을 잘 못 보신단다. 어서 길을 비켜 드려라."

"오호라, 그렇다면 위아래도 몰라보겠구나! 오늘부터 나를 형님이라 불러라."

동생뻘 되는 아이들까지 놀려 댔어요. 그때마다 궁예는 발끈하며 동네 아이들과 주먹 다툼을 했어요. 그러니 궁예는 동네의 말썽꾸러기로 유명해졌지요. 다른 동네에까지 이 소문이 퍼져 궁예의 정체가 밝혀지기라도 한다면 유모도 궁예도 목숨이 위태로워질 수 있었어요. 조마조마한 마음으로 하루하루 보내던 유모는 결국 궁예에게 출생의 비밀을 밝히기로 합니다.

궁예가 열 살쯤 되던 어느 날, 유모는 궁예를 마주 앉히고

그윽한 눈으로 바라보았어요. 마음을 단단히 먹고 가슴속에 묻어 두었던 엄청난 비밀을 털어놓았어요.

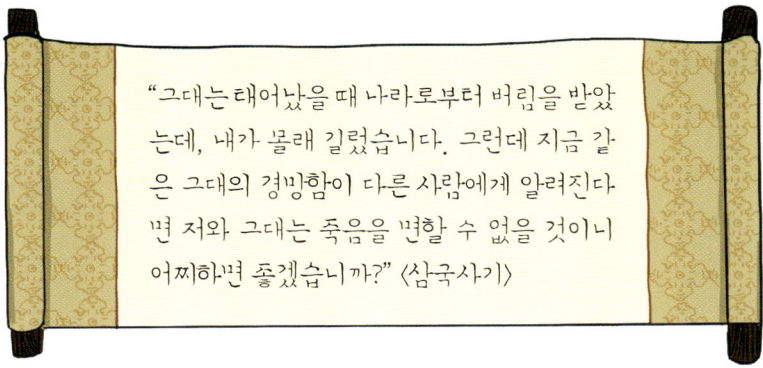

"그대는 태어났을 때 나라로부터 버림을 받았는데, 내가 몰래 길렀습니다. 그런데 지금 같은 그대의 경망함이 다른 사람에게 알려진다면 저와 그대는 죽음을 면할 수 없을 것이니 어찌하면 좋겠습니까?" 〈삼국사기〉

상상도 못 했던 이야기를 들은 궁예는 큰 충격을 받았어요. 궁예의 한쪽 눈에서 눈물이 주르르 흘러내렸어요.

출생의 비밀을 알게 된 궁예는 이렇게 말했어요.

"더 이상 어머니의 근심거리가 되지 않겠습니다. 저는 이만 떠나겠습니다."

세달사
삼국 시대에 창건되어 고려 중기까지 있었던 것으로 추정되는 사찰로, 오늘날의 강원도 영월에 있었다.

그 길로 궁예는 세달사라는 절로 가서 스스로 머리를 깎고 승려가 됩니다. 속세의 이름도 버리고 '선종'이라는 법명을 짓고는 승려 생활을 시작하지요.

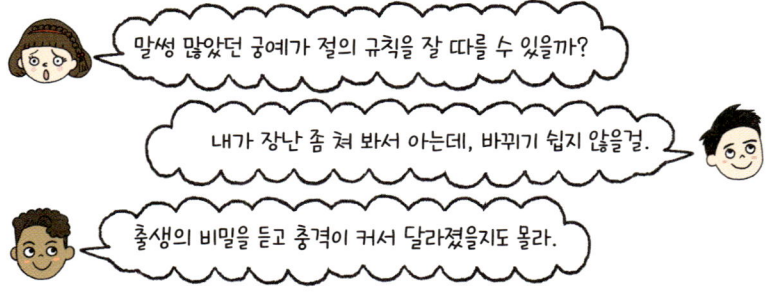

말썽 많았던 궁예가 절의 규칙을 잘 따를 수 있을까?

내가 장난 좀 쳐 봐서 아는데, 바뀌기 쉽지 않을걸.

출생의 비밀을 듣고 충격이 커서 달라졌을지도 몰라.

사치에 빠진 귀족, 고달픈 백성

궁예가 승려로 지낼 무렵, 신라 왕실은 왕족과 귀족들 사이에 왕위 쟁탈전이 매우 심했어요. 조카를 죽이고 왕이 된 왕족이 있는가 하면 군사를 일으켜 왕이 된 귀족도 있었어요. 또 즉위한 지 1년 만에 쫓겨난 왕, 피살된 왕도 여럿 있었어요. 통일 신라가 멸망하기 전 150여 년 동안 왕의 평균 재위 기간은 7년에 불과했고, 그사이 왕이 스무 번이나 바뀌었어요. 그야말로 대혼란의 시대였지요.

정치가 혼란스러워지자 귀족들은 누구 눈치 볼 것 없이 재산 불리기에 여념이 없었어요. 노비 3,000명을 거느린 귀족도 있었고, 금으로 꾸민 화려한 집에서 사는 귀족도 많았어요. 금칠을 한 '금입택(金入宅)'이라 불렸는데, 당시 수도였던 서라벌에 금입택이 총 35채나 있었다는 기록도 있어요.

그런데도 귀족들은 더 많은 토지를 갖겠다며 백성들이 가진 것을 빼앗았어요. 그 때문에 남의 집 노비가 되거나 자식을 팔아 생계를 유지하는 농민도 무척 많았어요. 귀족들의 호화로운 삶과는 달리

↑ 통일 신라의 금입택

비참했던 백성들의 삶이 〈삼국사기〉에 소개되어 있어요.

귀족들의 사치로 나라 곳간도 텅 비어 버렸어요. 나라에 낼

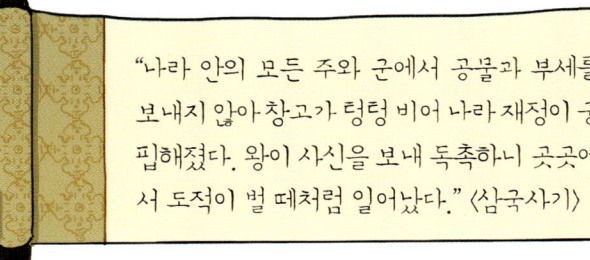

"나라 안의 모든 주와 군에서 공물과 부세를 보내지 않아 창고가 텅텅 비어 나라 재정이 궁핍해졌다. 왕이 사신을 보내 독촉하니 곳곳에서 도적이 벌 떼처럼 일어났다." 〈삼국사기〉

세금까지 귀족들에게 뺏겼으니 백성들은 세금을 낼 수가 없었어요. 그런데도 왕실에서는 관리들을 전국에 내려보내 세금을 독촉했어요. 엎친 데 덮친 격으로 흉년이 계속 이어져 농민들은 더 이상 견딜 수 없었어요.

결국 889년, 신라 사벌주(지금의 상주)에서 원종과 애노가 주축이 되어 농민들이 일어났어요. 농민 봉기가 온 나라로 퍼져 나가면서 신라는 그야말로 혼란의 도가니에 빠져들었습니다.

효자 손순의 이야기

당시 신라 백성들이 얼마나 비참하게 살았는지 알려 주는 이야기가 〈삼국유사〉에도 여러 편 실려 있어요. 그중 하나로 효자 손순의 이야기가 있어요.

손순은 땅이 없어 남의 집 머슴으로 일해 얻은 쌀로 늙은 어머니를 봉양했어요. 그런데 어린 아들이 끼니때마다 어머니 음식을 빼앗아 먹는 거예요.

할머니, 밥 안 먹지? 나 더 줘요.

그래, 많이 먹으렴.

아이는 다시 얻을 수 있지만 어머니는 다시 모실 수 없소. 그러니 이 아이를 묻어 어머니가 굶지 않게 합시다.

굶는 어머니 모습이 너무 가슴 아팠던 손순은 부인에게 이렇게 말했어요.

손순이 결심을 하고는 아들을 등에 업고 산에 가서 땅을 팠어요. 그런데 그 안에 돌로 만들어진 종이 있었어요. 부부는 기이하게 여겨 종을 들고는 아이를 다시 집으로 데리고 왔어요.

집에 돌아와 종을 쳤더니, 그 소리가 매우 아름답고 커서 왕이 사는 궁궐까지 들렸어요. 그 소리의 사연을 알게 된 왕은 손순의 지극한 효성에 감동하여 집 한 채를 내리고, 해마다 벼 50섬을 상으로 내렸어요.

지방을 장악한 호족

전국 곳곳에서 반란이 들불처럼 번졌지만, 왕실과 중앙 귀족들은 반란을 잠재울 힘이 없었어요. 수도 서라벌 말고는 그 밖의 지방까지 통치할 능력이 없었거든요. 이때 지방에서는 경제력과 군사력을 바탕으로 '호족'이 세력을 떨치고 있었어요.

호족은 호걸을 뜻하는 '호(豪)' 자와 무리를 뜻하는 '족(族)' 자가 합쳐진 말로, 통일 신라 말기의 지방 세력을 뜻합니다. 호족은 지역 백성을 다스리면서 세금까지 거두었어요.

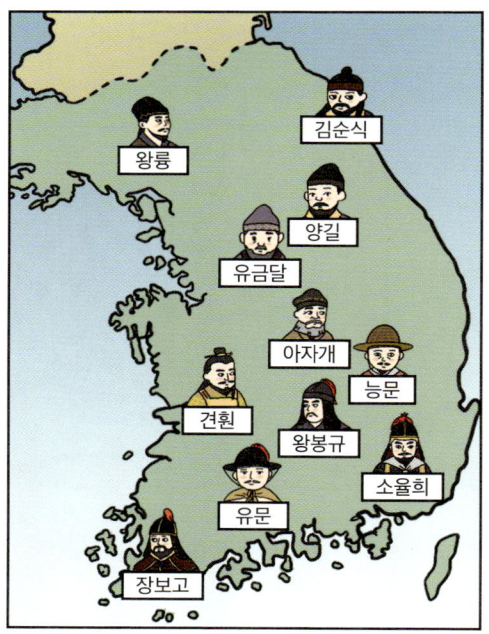
↑ 통일 신라 말기 주요 호족

이들 중에서도 특히 힘이 큰 몇몇 호족을 '대(大)호족'이라 불렀어요. 나중에 후백제를 세운 견훤은 완산주(지금의 전주) 일대를 장악한 대호족이고, 양길은 중부 지방의 북원(지금의 원주)

일대를 지배한 대호족이에요. 해상 무역을 주도했던 장보고도 대호족이라고 할 수 있지요.

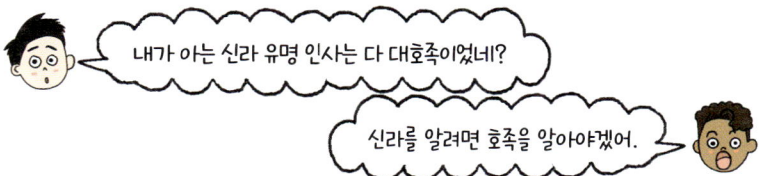

왕실과 귀족들이 백성들을 가혹하게 수탈하고, 지방에서는 많은 호족이 세력을 키워 나갈 때, 궁예는 세달사에서 어떻게 지내고 있었을까요? 〈삼국사기〉에 따르면 궁예는 승려의 규율에 그다지 얽매이지 않고 지냈어요. 승려로 평생 살기보다는 일단 수도승으로 지내면서 언젠가 뜻을 펼칠 때를 기다리고 있었던 것이지요. 그러던 어느 날, 궁예에게 운명적인 사건이 벌어집니다.

궁예가 발우를 들고 가는 길이었어요. 어디선가 까마귀 한 마리가 날아오더니 궁예의 발우에 무언가를 떨어뜨렸어요. 그건 바로 점대였어요. 점대는 가늘게 쪼갠 대나무 가지로 만든 것으로, 일종의 점치는 도구예요. 당시에는 점대 여러 개에 글자를 써서 통에 담아 놓은 다음 그중 하나를 뽑아 길흉을 점쳤지요. 발우 속에서 점대를 꺼내 본 궁예는 소스라치게 놀라고 말았어요. 여기서 퀴즈!

발우
적당한 양을 담는 밥그릇이란 뜻으로, 절에서 승려들이 쓰는 밥그릇을 일컫는다.

Q. 궁예는 무엇 때문에 소스라치게 놀랐을까요?

 정답! 새똥이요! 밥그릇에 새가 응가를 한 거예요.

 고작 새똥에 그렇게 놀라려고?

 점대는 점치는 나뭇가지니까 거기에 뭔가 궁예의 앞날이 나와 있지 않았을까요?

오, 정답에 가까워졌어요.

 궁예의 앞날이라면, 혹시 왕이 되라는 계시라도?

정답! 새가 떨어뜨린 점대에 임금 왕(王) 자가 쓰여 있는 게 아니겠어요? 까마귀가 점을 보는 도구를 떨어뜨린 것도 신기하고, 그게 밥우 안에 떨어진 것도 신기한데, 게다가 임금을 뜻하는 한자가 쓰여 있다니, 대체 무슨 일일까요? 글자를 확인한 궁예는 아무도 보지 못하도록 점대를 숨겼습니다.

역사학자들은 이런 일이 실제로 있었다기보다는 궁예가 왕이 될 운명이었다는 것을 정당화하기 위해 만들어 낸 이야기라고 보고 있어요. 그럴더라도 이 일화를 통해 궁예가 세달사에 있을 때 부터 왕이 되어 세상을 바꿔 보겠다는 뜻을 품었다는 걸 알 수 있지요.

점대 사건 이후, 세달사에서 포부를 키워 가던 궁예는 더는 절에 머무르지 않고 행동에 나서기로 결심합니다. 썩을 대로 썩은 신라는 더 이상 희망이 없다고 생각한 궁예는 세력을 모아 신라가 아닌 새로운 나라를 만들고 싶었지요. 궁예는 그렇게 절을 떠나 세상으로 나오게 됩니다.

하지만 절에서 살다 홀로 나온 궁예에게는 아무런 기반이 없었어요. 이럴 때 세력을 키우려면 어떻게 해야 할까요? 가장 쉬운 방법은 강한 사람 밑으로 들어가는 것이지요.

궁예는 뜻을 펼치기 위해 우선 대호족 밑으로 들어가 힘을 기르고자 했어요. 그렇게 궁예가 찾아간 사람은 북원에서 세력을 떨치고 있던 대호족 양길이었어요. 양길은 한눈에 궁예가 뛰어난 인물임을 알아보았지요. 그래서 궁예에게 군사 600명을 나눠 주고 신라의 동쪽 땅, 지금의 영월과 그 일대를 공격하게 했어요.

궁예는 양길이 내준 군사를 이끌고 치악산을 거점으로 삼아 주천(지금의 영월군 주천면), 나성(지금의 영월군 영월읍), 울오(지금의 평창), 어진(지금의 울진)까지 차례로 점령해 나갔어요. 궁예가 승승장구하자 궁예를 따르는 군사도 그 수가 점점 많아져 600명에서 3,500명으로 늘어났어요. 병사들은 통솔력 있는 궁예를 칭송했습니다.

↑ 궁예가 진출한 영역(891~893년)

"궁예 장군님처럼 병사들과 한솥밥 먹으며 같이 지내는 사람은 처음 봤어!"
"사사로운 감정에 치우치는 법 없이 공정하게 하시니까 존경심이 절로 우러나."

〈삼국사기〉에는 궁예가 군사들과 어려움을 함께 나누고, 상이나 벌을 줄 때도 공평했다고 나와 있어요. 자신을 믿고 따르는 군사들과 함께 궁예는 강릉을 차지하고 다시 철원 일대까지 진출했어요.

부하들이 양길이 아니라 궁예를 더 확실히 따르면서 이제 양길의 군대가 아니라 완벽한 '궁예의 군대'라 부를 만했어요. 궁예의 군대가 날로 커 가자 고을을 궁예에게 바치고 궁예의 밑으로 들어오는 호족들도 점점 늘어났어요. 그러나 궁예는 여기에서 만족하지 않았어요. 거침없는 기세로 강원도 대부분을 점령하고 경기도와 황해도 일부까지 영토를 넓혔어

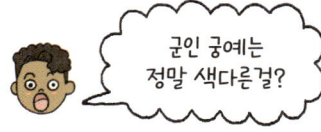

요. 그러면서 양길의 부하가 아니라 강력한 독자 세력으로 당당히 대호족 반열에 올라섰지요.

 숨 가쁜 나날을 보낸 궁예는 풍부한 곡창 지대인 예성강 일대 패서·패강 지역을 욕심냈어요. 이곳은 과거 고구려에 속해 있던 땅이었거든요. 그래서 통일 신라 말기에 지방 호족들이 독립하는 분위기가 되자 이 지역 호족들은 고구려를 계승한다는 의식을 강하게 내세웠어요. 이들은 패서·패강 지역으로 진출하려는 궁예의 영향력을 실감하고는 궁예에게 스스로 땅을 바치며 신하가 되겠다고 복종하기도 했지요. 이렇게 궁예의 세력은 날로 커져 갔답니다.

궁예와 왕건의 운명적 만남

 이즈음 패서 지역에 있는 송악의 한 호족 집안에서 궁예를 찾아옵니다. 바로 왕륭과 그의 아들 왕건이었어요. 왕륭이 다스리는 송악은 땅이 기름지고 일찍부터 상업이 발달해 부유한 곳이었어요. 또 왕륭 집안은 대대로 해상 무역을 해서 큰돈을 번 호족이었지요. 탄탄한 경제력을 바탕으로 선박 제조 능력은 물론이고 해상 전투 능력까지 갖추고 있었어요. 그런 왕

륭은 궁예에게 송악을 바칠 테니 아들 왕건을 송악의 성주로 삼아 달라고 청했어요. 궁예에게는 천군만마를 얻을 수 있는 황금 같은 기회였지요.

궁예는 무예 실력뿐 아니라 학식까지 갖춘 왕건이 처음부터 마음에 들었어요. 그래서 자신의 부관으로 삼고 송악의 성을 쌓을 때 감독하는 일을 맡겼어요.

무엇보다 왕건은 전쟁 수행 능력이 뛰어났어요. 전쟁에 나가 열심히 싸워 궁예의 세력 확장을 도우면서 왕건은 궁예의 신임을 착착 쌓아 가게 되었지요.

패서 지역까지 영역을 넓힌 궁예가 아직 손에 넣지 못한 곳이 있었어요. 바로 한반도의 노른자위라 할 수 있는 한강 유역이었어요.

한강 유역은 비옥한 토지와 수운으로 나라의 경제력을 크게 키울 수 있는 곳이었어요. 또 육로와 해로를 이용해 어디로든 손쉽게 진출할 수 있어 아주 중요한 지역이었지요.

수운
강이나 바다로 사람과 물건을 실어 나르는 일.

한강 하류 지역을 차지한 궁예는 한강 중상류까지 넘보았어요. 그런데 이 지역을 차지하려면 이미 이곳에서 세력을 떨치던 대호족 양길과 싸워야만 했지요. 양길은 자신을 키워 준 은인이었지만 한판 대결을 피할 수 없었어요.

궁예는 왕건의 도움을 받아 양길과 전쟁을 펼쳤고, 결과는 궁예의 대승리였어요. 양길을 물리치고 한강 중상류를 차지한 궁예는 기세를 몰아 왕건에게 경기도 남부 지역과 충청도 지역까지 점령하라고 명령했지요. 왕건은 매번 승리를 거머쥐었고, 궁예가 한반도 중부 지역을 점령하는 데 큰 공을 세웠어요. 그야말로 궁예의 든든한 오른팔이었지요.

그렇게 궁예의 세력은 더욱 커져 갔어요. 궁예는 북쪽으로는 대동강 유역을 차지하고 남쪽으로는 나주까지, 전라남도의 섬 지역까지 차지했지요. 그렇게 한반도의 중심부를 거의 다 차지하면서 후삼국 시대에 가장 넓은 영토를 확보했어요.

마침내 901년, 궁예는 송악을 도읍으로 삼아 건국을 선포했어요. 그리고 나라 이름을 '고려'로 정하지요. 이 이름을 통해 자신이 고구려를 잇는다는 것을 널리 알렸지요. 지금은 왕건이 세운 고려와 구별하기 위해 궁예가 세운 고려를 '후고구려'라고 불러요. 하지만 당시에는 그냥 고려였답니다.

"지난날 신라는 당나라를 끌어들여 고구려를 멸망시켰소. 고구려의 옛 도읍, 평양은 지금 잡초만 무성해졌소. 나, 궁예가 반드시 고구려의 원수를 갚을 것이오!"

고려의 왕이 된 궁예는 그 옛날 고구려를 멸망시킨 신라에 복수를 하겠다고 선포했어요. 그리고 정말로 때를 기다렸지요.

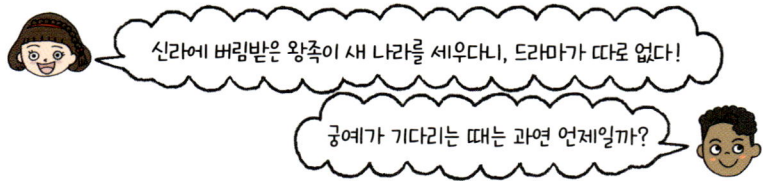

후백제를 세운 견훤

지금의 경상도 지역에 마지막 명맥을 유지하고 있는 신라와, 신라의 북쪽 땅을 거의 다 차지한 후고구려가 있을 때, 지금의 전라도 지역에서는 후백제가 등장했어요.

고구려의 옛 땅에 후고구려가 세워지기 1년 전인 900년, 옛 백제 땅에도 한 나라가 세워졌어요. 대호족이었던 견훤이 완산주(지금의 전주)를 도읍지로 하여 새로운 나라를 세웠지요. 나라 이름은 '백제'로, 온조가 세운 옛 백제와 구분하기 위해 지금은 '후백제'라고 불러요.

견훤은 867년, 경상북도 상주 가은현(지금의 문경시)에서 농부 아자개의 아들로 태어났다고 해요. 〈삼국사기〉는 견훤의 어린 시절에 관한 신비로운 이야기를 하나 전하고 있어요.

궁예의 후고구려와 견훤의 후백제

HTX VIP 보태기

새 나라의 이름을 '고려', '백제'라고 정한 이유

가장 큰 이유는 백제와 고구려에 대한 백성들의 향수를 자극하기 위해서였어요. 궁예는 옛 고구려 땅에서 후고구려의 깃발을, 견훤은 옛 백제 땅에서 후백제의 깃발을 들었기 때문에 그곳 백성들에게 큰 호응을 얻을 수 있었어요.

들에서 일하던 견훤의 어머니가 포대기에 싸인 갓난아기 견훤을 잠깐 수풀 아래에 뒀어요. 그런데 그때 믿을 수 없는 일이 일어났대요. 호랑이가 견훤에게 젖을 먹이고 있었던 거예요. 호랑이는 아기에게 젖을 다 먹인 뒤 유유히 산속으로 사라졌다고 해요. 다른 역사서 〈제왕운기〉에는 견훤을 새가 와서 덮어 주고 범이 와서 젖을 먹였다는 기록이 있어요. 또 견훤이 태어났을 때 온갖 날짐승이 날아와 몇 년에 걸쳐 아이를 보호해 주어서 마을 사람들은 그 아이가 장차 큰 인물이 될 것임을 짐작했다는 전설도 전해 오고 있지요.

제왕운기
고려 시대에 이승휴가 시로 쓴 역사책. 단군부터 고려 충렬왕까지의 역사를 썼다. 특히 단군 신화와 발해사를 담고 있어 사료로서 가치가 높은 책이다.

어릴 때부터 몸집이 크고 무예가 뛰어났던 견훤은 아버지처럼 농부가 되기는 싫었어요. 그래서 서해안과 남해안을 지키는 군인이 되었어요. 창을 베고 잘 정도로 열성적인 군인이었던 견훤은 실력을 인정받아 한 부대를 지휘하는 어엿한 장수까지 올라갔어요.

하지만 흉년으로 백성들이 굶주리는데도 백성은 돌보지 않고 세금 걷는 데에만 급급한 신라에 점차 실망했어요. 견훤은 부패하고 무능한 신라가 무너지고 새 시대가 와야 한다고 생각했지요. 그래서 자신을 따르는 군사 5,000명을 이끌고 신라의 서쪽 땅, 오늘날의 전라도 일대를 차차 점령해 나갔어요. 나아가 오늘날의 충청남도, 전라남도 지역까지 손에 넣었지요.

드디어 900년, 견훤은 "다시 백제를 세워 의자왕의 원수를 갚겠다!"하고 선포하며 후백제를 건국했어요. 백제가 멸망한 지 240년 만의 일이었어요.

농부의 아들이었던 견훤은 농민들의 마음을 잘 헤아렸어요. 무거운 세금을 줄여 줄 뿐만 아니라 군사들이 스스로 농사를 지어 식량을 해결하도록 도왔어요. 그렇게 민심을 얻으며 나라의 기틀을 다져 나갔지요.

이제 오늘날의 경기도, 황해도, 강원도, 충청도까지는 후고구려가, 서남쪽은 후백제가 차지하고, 신라는 오늘날의 경상도 지역 정도를 지키면서 한반도에 본격적인 후삼국 시대가 열리게 됩니다.

궁예와 견훤의 힘겨루기, 나주 전투

후고구려를 세운 궁예와 후백제를 세운 견훤. 두 사람은 본격적인 세력 다툼을 시작했어요. 물론 한반도에는 신라도 있었지만 신라는 이미 지는 해였죠. 새로운 강자로 떠오른 두 나라와는 경쟁이 되지 않았어요.

사실 궁예는 신라에 원한이 매우 깊었어요. 자신을 버린 나라였으니까요. 신하들에게 신라를 세상에서 없어져야 할 나라라는 뜻의 '멸도'라고 부르라고 명령할 정도였어요. 마음 같아서는 신라를 당장 멸망시키고 싶었지만 천년을 이어 온 왕조의 권위를 쉽게 무시할 수는 없었어요. 일단 신흥 국가인 후백제부터 없애는 게 낫다고 보았지요.

그렇게 궁예가 노린 지역은 후백제의 금성, 오늘날의 나주 지역이었어요. 금성은 전략적으로 아주 중요한 지역이었어요. 후백제의 후방 지역인 데다가 항구가 있어 중국으로 가는 해상 교통로 역할을 했거든요. 만약 후고구려가 이곳을 차지한다면, 후백제가 중국과 교류하는 일을 차단할 수 있었지요. 게다가 넓은 평야가 펼쳐진 비옥한 땅이어서 식량을 확보하기에도 좋았어요. 위아래 양쪽에서 후백제를 공격할 수 있다는 이점도 있었지요.

어느 날 왕건은 마침내 금성을 공격할 기회를 잡고는 궁예에게 군사를 달라고 요청했어요.

"후백제의 기세가 더욱 커지고 있습니다. 당장 그 기세를 꺾어 놓지 않으면 훗날 낭패를 볼 것입니다. 제 판단으로는 금성을 뺏는 일이 가장 우선입니다. 바다에서부터 후백제를 꺾어야 합니다!"

궁예는 왕건의 계획을 크게 칭찬하며 아낌없이 군사를 내주었어요. 왕건은 수군 2,500여 명에, 함선 100여 척을 이끌고 나주로 들이닥쳤어요. 그중 10여 척은 배의 길이가 30미터가 넘는 대형 전투함이었어요. 해상 호족다운 규모였지요.

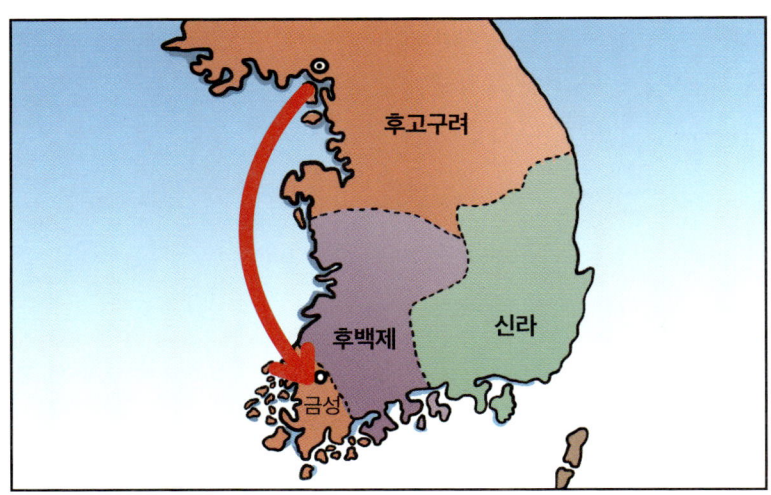
↑ 후고구려의 금성 점령

이 소식을 들은 후백제의 견훤도 왕건과 맞서기 위해 직접 나주로 가서 수군을 이끌었어요. 견훤이 이끌고 온 대규모 군사가 왕건의 전함을 포위했지만 왕건은 때마침 불어오는 바람을 이용해 거침없이 불화살을 쏘았지요. 순식간에 견훤의 함대가 모두 불타 버리고 말았어요.

결국 전투는 왕건의 승리로 끝이 났고, 금성 지역 호족들은 궁예의 밑으로 들어가게 되었어요. 왕건은 이 지역의 군현 10개를 점령한 뒤, '나주'라는 이름을 붙였어요.

왕건이 승리했다는 소식을 들은 궁예는 왕건을 수도로 불러들였습니다. 그리고 제일 높은 직책인 '시중'에 임명했지요.

왕건을 전쟁터뿐 아니라 수도에서도 나랏일을 함께 의논하는 동반자로 삼은 셈이에요. 마흔 살도 되지 않은 왕건을 자신의 이인자로 인정한 것이니 그만큼 왕건에 대한 궁예의 신망이 아주 높았다는 것을 알 수 있지요.

궁예는 왕건을 비롯한 장수들의 활약으로 후백제 영토 일부까지 점령하며 하루가 다르게 세력을 키웠어요. 후삼국 시대의 강자가 된 궁예! 과연 최종 승리자가 될 수 있을까요?

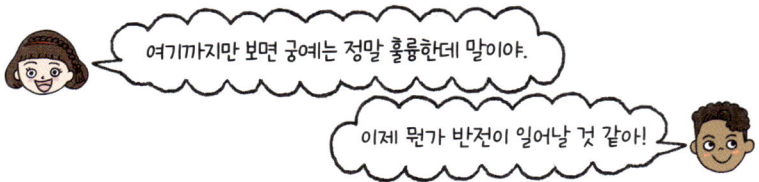

후삼국 시대를 연 궁예

폭정으로 몰락한 궁예의 최후

우리는 지금 918년에 도착했어요. 여기는 궁예가 비참한 죽음을 맞았다는 전설이 깃든 명성산이에요. 왕좌에서 쫓겨난 궁예는 부하들과 이곳으로 피신했는데, 산이 떠나갈 듯 목 놓아 울었다고 해요. 그래서 울 명(鳴), 소리 성(聲)을 써서 명성산이란 이름이 붙었어요.

궁예는 태어나자마자 버려진 가혹한 운명이었지만 한 나라를 세울 만큼 뛰어났어요. 무거운 세금과 굶주림에 시달리는 백성들을 구하고자 새 나라를 꿈꿨지요. 그런 그가 어쩌다가 왕의 자리에서 쫓겨나 무덤 하나 없는 초라한 최후를 맞이하게 되었을까요? 누가 궁예를 쫓아냈던 걸까요? 출생만큼 극적이었던 궁예의 마지막 순간을 낱낱이 벗겨 보기로 해요.

도읍을 옮기다

후고구려가 후삼국 중 가장 넓은 영토를 차지하며 승승장구하던 905년, 궁예가 갑자기 천도를 선언했어요.

"나는 도읍을 철원으로 옮길 것이다."

나라를 세운 지 4년밖에 안 됐는데, 왜 수도를 옮기려는 걸까요? 여기에는 궁예 나름대로 계획이 있었어요. 궁예는 강력한 권력을 쥔 왕이 되고 싶어 했어요. 하지만 후고구려를 세울 때 큰 도움을 받았던 송악 호족들은 나랏일에 간섭이 심했어요.

또 신라와 후백제 중 어느 나라부터 공격할 것인지를 놓고도 궁예와 송악 호족들의 생각이 달랐어요. 해상 무역으로 힘을 키운 송악 호족들은 해양 세력을 더욱 키우기 위해 후백제부터 치고 싶어 했어요. 그러나 궁예는 내륙 교통을 이용해 신라부터 치고 싶어 했지요. 궁예는 송악을 떠나야 호족들의 힘이 약해지고 자신이 주도권을 쥘 수 있겠다고 여겼어요. 천도는 궁예가 왕권 강화를 위해 들고나온 묘책이었어요.

궁예가 천도를 서두르자 송악 호족들은 크게 반대하고 나섰어요.

"폐하, 철원은 외진 곳인 데다가 지형이 험해 도읍으로 마땅치 않습니다."

송악 호족들은 자신들의 세력이 약해질 뿐만 아니라, 새로운 도성을 짓는 데 필요한 돈을 내야 하기 때문에 천도를 싫어했어요. 백성들 또한 천도를 반기지 않았어요. 농사짓기도 바쁜데

궁예의 철원 천도 ↑

도성 짓는 공사까지 해야 하니 불만이 생길 수밖에 없었어요.

하지만 궁예는 호족이나 백성의 눈치를 보지 않고 자신의 뜻대로 합니다. 도읍을 옮기기도 전에 청주 지역 백성들부터 철원으로 이주시켜 버리지요.

또 호족들과 백성들의 원성을 무시하고 도성 건설도 밀어붙였어요. 그것도 아주 크고 호화롭게 지었으니 백성들은 궁예를 원망하는 마음이 점점 커져만 갔지요.

궁예가 왕권을 강화하려고 택한 또 다른 방법이 있어요. 바로 나라 이름을 바꾼 거예요. 궁예는 건국 당시 나라 이름으로 삼았던 '고려'를 904년에 '마진'으로 바꿨어요. 그리고

911년에는 다시 '태봉'으로 바꿨어요. 이 이름들에는 제각각 뜻이 담겨 있어요. 먼저 901년의 고려라는 이름에는 고구려의 역사와 영토를 계승한다는 의미가 담겨 있어요. 그리고 마진이라는 이름은 산스크리트어 '마하진단'의 줄임말로 '동방의 큰 나라'를 뜻해요. 고구려를 계승하는 것을 넘어서 백제와 신라까지 품겠다는 것, 즉 후삼국 통일의 꿈을 담은 이름이지요.

그럼 마지막으로 지은 태봉이라는 이름은 무슨 뜻일까요? '태'는 하늘과 땅이 어우러져 세상 만물을 낳는다는 의미이고, '봉'은 영토를 뜻해요. 즉 '태봉'은 하늘과 인간이 조화롭고 이상적인 나라를 만들겠다는 궁예의 의지를 담고 있어요.

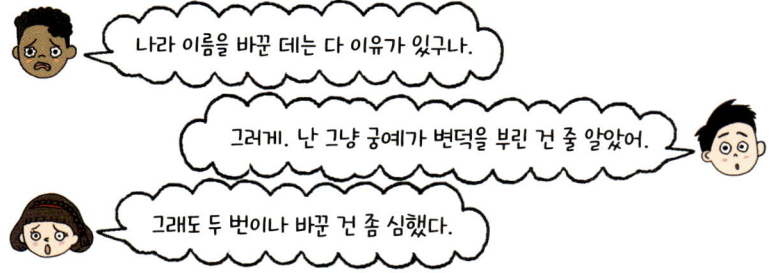

그런데 세 이름을 잘 보면 '고려'라는 국호에는 고구려 계승 의지가 뚜렷하게 드러나 있지만, 바꾼 이름들에서는 갈수록 고구려의 색깔이 흐려졌다는 것을 알 수 있어요. 고구려를 잇겠다는 궁예의 의지가 갈수록 약해진 거예요. 또 호족 세력을 제압하면서 강력한 왕권을 휘두르겠다는 궁예의 속마음도 담겨 있지요.

궁예의 철원성

철원성은 넓은 평야 지대에 세운 태봉국의 도성이에요. 당시 유행했던 당나라 수도의 도성 모습을 본떠 외성, 내성, 궁성으로 이루어진 사각형 구조로 지어졌어요. 〈삼국사기〉, 〈고려사〉에는 철원성이 매우 크고 화려했다고 기록되어 있어요. 그런데 이 지역은 현재 비무장 지대(DMZ) 안 군사 분계선에 있어 발굴 조사를 진행하지 못하는 아쉬움이 큽니다.

달라진 궁예, 공포 정치의 시작

도읍지를 옮기고 국호도 바꾸면서 궁예의 왕권이 더욱 강해질 즈음, 궁예에게 이상한 조짐이 나타났어요. 궁예가 갑자기 자신이 '미륵불'이라고 주장하고 나선 거예요. 미륵불은 세상이 어지러울 때 백성을 구원하러 온다는 미래의 부처예요. 그러니까 궁예는 스스로 부처라고 우긴 셈이지요. 궁예는 신하들과 백성들에게 자신을 부처처럼 받들도록 강요했어요. 그렇게 본격적인 '신격화'가 시작되었습니다.

궁예는 행차 행렬을 아주 화려하게 꾸몄어요. 머리에 황금색

두건을 쓰고 몸에는 승려가 입는 가사를 걸쳤어요. 그뿐만 아니라 자신이 탄 말도 아주 화려하게 치장했어요. 갈기와 꼬리를 값비싼 비단으로 장식했지요. 그게 끝이 아니었어요. 향로를 받쳐 든 어린아이, 깃발과 꽃을 든 어린아이 수십 명과 비구니 200여 명도 뒤따르게 했어요.

궁예는 새 궁궐을 짓느라 온갖 세금과 부역에 시달리던 백성들에게 '옴마니밧메훔'이라는 주문을 외우게 했어요. 이 주문을 계속 외우면 지금의 고통에서 벗어나 내세에는 극락에 갈 수 있다고 믿게 했지요. 백성들이 반란을 일으키지 못하게 만들려는 것이었어요. 또 아들들에게 청광 보살, 신광 보살이라는 이름을 붙이고는 아들들도 부처님처럼 떠받들게 했어요.

부처를 자처한 왕이 궁예가 처음은 아니었어요. 궁예 이전에도 왕즉불, 즉 '왕이 곧 부처'라고 믿게 해서 왕의 권력을 강하게 만드는 이념이 많이 나타났어요. 궁예 역시 민심을 모으고 호족 세력을 장악하기 위해 미륵불을 자처한 면이 있었지요.

하지만 궁예는 단지 자신이 미륵불이라고 주장하는 데에서 멈추지 않았어요. 궁예는 급기야 자신은 살아 있는 부처이기 때문에 '관심법'으로 사람들의 마음을 읽어 낼 수 있다고 주장했어요.

"나는 미륵 관심법을 쓸 수 있다. 얼굴만 봐도 사람의 마음을 꿰뚫어 볼 수 있지. 만약 날 속이다가 관심법에 걸리면 큰 벌을 내리겠다. 으하하하!"

사람의 마음을 보는 '관심법'은 본래 불교에서 자신의 불성, 즉 사람이 본디 가진 부처가 될 성질을 발견하려는 수양법이었어요. 하지만 궁예는 상대방의 몸가짐이나 표정으로 속마음을 알아내는 기술로 사용했어요. 그냥 사람의 마음을 읽을 수 있다고만 한 게 아니라, 자신을 비판하거나 조금이라도 자기

HTX VIP 보태기

통일 신라 말기에 유행한 미륵 사상(미륵 신앙)

불교 교리에 따르면 석가모니가 열반에 들고 56억 7,000만 년이 지난 뒤 중생을 구제할 존재가 세상에 나타나는데 그 존재가 바로 미륵 부처, 미륵 불이에요. 통일 신라 말기에 백성들 사이에서는 이러한 '미륵 사상'이 널리 퍼져 있었어요. 혼란스러운 나라에서 먹고살기 어려운 백성들은 비참한 현실에서 자신들을 구제해 줄 존재가 나타나기를 바랐던 거예요.

↑ 통일 신라 시대 때 만들어진 석조미륵불좌상

> 미륵 신앙은 통일 신라 말기에 널리 퍼졌답니다. 궁예는 그걸 이용한 거지요.

마음에 안 드는 사람이 있으면 관심법을 구실로 죽이기 일쑤였어요.

궁예는 끔찍한 사건들을 일으키며 폭주하기 시작했어요. 궁예는 20권이나 되는 불교 경전을 직접 지었는데, 온통 자기 자랑만 있을 뿐 불교 교리에 전혀 맞지 않았어요. 기록에 따르면 궁예가 쓴 경전에는 요망하고 도리에 맞지 않는 말이 가득했다고 해요. 승려들은 그 내용을 보고 경악할 수밖에 없었지요. 하지만 궁예가 두려워 어느 누구도 잘못되었다 이야기하지 못했어요.

오직 한 사람, 당시 명망이 높았던 승려 석총만이 궁예의 잘못을 지적했어요.

"전부 요사스러운 말이고, 괴이한 이야기뿐이오!"

이 말이 떨어지자, 화가 난 궁예는 철퇴로 석총을 내리쳐 버렸어요.

석총이 한순간에 목숨을 잃고 나자, 이제 궁예 주변에는 '까딱 잘못하면 나도 죽겠구나.' 하고 공포에 떠는 사람이 점점 늘어났어요. 언제 어떻게 죽임을 당할지 알 수 없으니 신하들은 궁예의 눈치를 보며 몸을 사리기에만 급급했어요. 이런 흉흉한 분위기에 백성들도 덩달아 불안에 떨게 되었으니, 민심은 급격히 나빠질 수밖에 없었지요.

궁예파와 왕건파로 갈라지다

 궁예의 오른팔이자 태봉의 이인자 왕건도 이런 분위기에 걱정이 커져 갔어요. 하지만 궁예에 대한 충성심을 거두지는 않고 있었지요. 왕건을 믿는 궁예와 여전히 자신의 왕인 궁예에게 충성을 다하는 왕건. 그러나 이 둘 사이에도 미묘한 균열이 생기기 시작했어요.

 사건은 아지태라는 간신 때문에 벌어졌어요. 아지태는 아부를 잘하고 남을 잘 속이는 사람이었어요. 아지태는 궁예가 남의 잘못을 알아내길 좋아한다는 사실을 눈치채고는 야비한 짓을 저지르고 다녔어요.

아지태는 짓지도 않은 죄를 꾸며 내서 궁예에게 고향 사람들을 모함했어요. 사람들은 억울하다며 아지태를 고발했지만, 궁예는 아지태를 벌하지 않았지요. 이때 그들의 억울한 사연을 알고 해결해 준 사람이 있었으니, 바로 왕건이었어요. 왕건은 아지태를 잡아들여 추궁했고 마침내 거짓으로 남의 죄를 고했다는 자백을 받아 내고 말아요. 왕건 덕분에 여러 사람이 누명을 벗게 되었죠.

아지태의 자백 이후 조정의 많은 사람이 왕건을 따르기 시작했어요. 장수, 호족, 관료, 학자 등등 직책을 가리지 않고 궁예를 떠나 왕건 곁으로 몰려들었지요. 정치적으로 보면 왕건은 친궁예파인 아지태를 제거한 것이고, 아지태의 자백으로 친왕건파가 승리한 셈이에요. 이를 계기로 왕건의 입지가 커졌어요. 이제 태봉의 정치계는 궁예파와 왕건파, 둘로 나뉘게 되었어요.

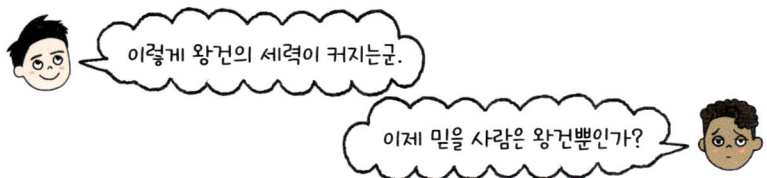

심상치 않은 분위기를 감지한 왕건은 당분간 중앙 정계를 떠나 있는 것이 좋겠다고 판단했어요. 그래서 변방의 전쟁터로

가겠다고 왕에게 간청했지요.

"다시 나주로 내려가 지키고자 하니 허락해 주시옵소서."

궁예는 왕건의 청을 흔쾌히 들어주었어요. 그리고 왕건을 수군을 통제하는 백선 장군에 임명했지요. 철원을 떠난 왕건은 지역 수비에 힘을 쏟았어요. 나주를 안정시키는 왕건의 활약을 보면서 궁예는 "나의 여러 장수 중에 왕건만 한 사람이 없다."라며 크게 칭찬했다고 해요. 아지태 사건으로 위기를 맞을 뻔했던 궁예와 왕건의 사이는 다시 굳건해지는 듯했지요.

그러나 평화는 오래가지 못했어요. 어느 날, 궁예는 갑자기 왕건을 궁으로 불러들였어요. 왕건이 찾아갔을 때 궁예는 처형당한 사람에게서 빼앗은 금은보화를 바라보고 있었지요. 그러다 갑자기 성난 눈으로 왕건을 노려보면서 이렇게 물었어요.

"그대는 어젯밤에 사람들을 모아서 반란을 일으키려고 했는데, 어째서인가?"

예상치 못한 질문에 왕건은 당황했지만 침착하게 대답했어요.

"어떻게 그런 일이 있을 수 있겠습니까?"

하지만 궁예는 의심을 멈추지 않았어요.

"경은 나를 속이지 말라! 나는 사람의 마음을 능히 들여다볼 수 있는 미륵 대불이야. 내가 이제 경의 마음을 볼 것이다."

궁예가 왕건에게까지 관심법을 쓰겠다고 한 거예요. 궁예는

　마음을 모으려는 듯 눈을 감았어요. 왕건은 그저 궁예의 다음 말만 기다릴 뿐이었어요. 만일 궁예가 왕건이 반란을 일으키려 했다고 우긴다면 왕건은 꼼짝없이 죽은 목숨이었어요. 그런 마음을 품은 적 없다고 한들, 자신이 사람의 마음을 읽는다고 주장하는 궁예에게 통할 리 없었어요.

　생사가 걸린 절체절명의 순간, 어찌할 줄 모르고 있던 왕건 앞으로 붓 한 자루가 굴러왔어요. 최응이라는 궁예의 측근이 떨어뜨린 붓이었어요. 최응은 천천히 왕건의 옆으로 다가가더니 고개를 숙이고 붓을 주웠어요. 그러면서 왕건의 귀에 대고 빠르게 속삭였지요. 여기서 퀴즈!

Q. 최응은 왕건에게 어떤 말을 했을까요?

 "지금입니다! 어서 궁예를 치세요!" 왕건이 궁예를 제압하기 좋은 상황이잖아요?

땡!

 "여기서 죄를 인정하면 끝장입니다. 끝까지 모른다고 버티세요!" 이러지 않았을까요?

역시 땡!

 "살려 달라고 하세요!"라고 했을 것 같아요. 뭐라고 말한들 궁예가 안 믿을 테니까요.

딩동댕! 최응이 붓을 떨어뜨린 척하면서 한 말은 "자복하지 않으면 위험합니다."였어요. 목숨을 구할 묘수를 알려 준 거예요. 그런데 궁예는 믿고 아끼던 왕건을 왜 시험에 들게 했던 걸까요?

세 가지 정도로 궁예의 마음을 추측해 볼 수 있어요. 첫 번째는 왕건에게 경고하기 위해서, 두 번째는 왕건의 충성심을 시험하기 위해서, 세 번째는 왕건을 확실히 자기편으로 만들고 싶어서입니다.

최응의 말을 듣고 왕건은 바로 고개를 깊이 조아렸어요.

"죽을죄를 지었습니다. 성상께서 하신 말씀대로입니다. 제가 역모를 꾸몄습니다. 제발 살려 주십시오!"

왕건의 말을 들은 궁예는 호탕하게 웃었습니다.

"그러면 그렇지, 이 미륵 대불의 관심법에 틀림이 있을 까닭이 있나. 정직해서 좋다."

그러면서 금은으로 만든 말안장과 고삐를 선물로 주었어요. 궁예는 마지막으로 왕건을 향해 이렇게 말했어요.

"다시는 나를 속이지 마시오."

그렇게 왕건은 최응의 도움으로 간신히 목숨을 구할 수 있었습니다. 이 사건을 통해 궁예 바로 옆을 지키던 신하조차 왕건 편으로 돌아섰음을 알 수 있어요.

궁예의 몰락

왕건까지 의심하기에 이른 궁예의 광기는 멈출 줄 몰랐어요. 매일 사람들이 죽어 나갔지요. 궁예의 폭정을 보다 못한 부인 강씨가 울면서 궁예에게 매달렸어요.

"더 이상 사람을 함부로 해치지 마소서!"

그러자 궁예는 불같이 화를 내더니 결국 부인마저 죽이고 말았어요. 여기서 끝이 아니었어요. 부인에 이어 두 아들까지 잔인하게 죽였지요. 이는 훗날 궁예를 폭군으로 기억되게 만든 결정적인 사건이었어요.

궁예의 포악함이 갈수록 거세지던 918년 어느 늦은 밤, 궁예를 따르던 장수 네 명이 왕건을 찾아왔어요. 궁예의 폭정을 더 이상 참지 못하겠으니 혁명을 일으키자고 했지요. 그들에게는 궁예를 몰아내고 새로운 나라를 이끌어 갈 다른 왕이 필요했어요. 그들이 선택한 왕이 바로 왕건이었지요. 왕건은 처음에는 완강히 거부했어요. 하지만 부인까지 나서서 왕건을 설득하자 마침내 왕건은 모두의 뜻을 따르기로 결심합니다.

왕건이 집을 나서자 많은 사람이 궁 앞에서 북을 치며 떠들썩하게 왕건을 기다렸다고 해요. 궁예가 얼마나 민심을 잃었는지 알 수 있는 대목이지요. 왕건이 궁에 도착하자 바로 궁궐 문이 활짝 열렸어요. 궁은 왕건을 맞이할 준비를 이미 끝낸 뒤였지요. 왕건은 그렇게 피 한 방울 흘리지 않고 혁명에 성공하게 되지요. 그리고 다음 날, 왕건은 철원성에서 고려 건국을 선포했어요!

왕건의 고려가 탄생한 순간, 궁예는 어디에 있었을까요? 〈삼국사기〉에 남은 기록을 통해 궁예의 마지막 모습을 그려 볼 수 있어요.

 궁예는 아무것도 모른 채 침전에 누워 있다가 왕건이 오고 있다는 사실을 알게 되었어요. 무장할 시간도 없어 초라한 행색으로 궁을 빠져나갔지요. 그렇게 도망치다가 보리 이삭을 주워 먹던 중 주민들에게 발각되어 죽음을 당했다고 적혀 있어요. 출생 못지않게 비극적인 최후를 맞이한 셈이지요.

 그런데 궁예가 근거지로 삼았던 강원도 철원, 경기도 포천, 연천, 파주 등에는 궁예의 최후에 관한 또 다른 전설이 여럿 전해 오고 있어요. 포천 반월성은 궁예가 쌓은 것으로 알려져 있는데, 왕건에게 쫓긴 궁예가 이곳에서 저항했다는 전설이 있어요. 또 철원 지역에 전해 오는 전설에 따르면 궁예는 백성의 손에 죽은 것이 아니라 스스로 목숨을 끊었으며, 죽은 뒤에는 백성들이 우러러보는 신이 되었다고 해요.

포천 반월성 →

↑ 철원 한탄강

HTX에서 본 명성산에도 궁예의 최후에 얽힌 전설이 깃들어 있어요. 명성산 옆을 흐르는 한탄강은 도망가던 궁예가 자신의 운이 다했음을 한탄했던 곳이라 하여 그런 이름이 붙었다고 해요. 그 외의 여러 유적지에 얽힌 전설에 따르면, 궁예는 끝까지 왕건의 군대와 싸우다가 죽었다는 말도 있어요.

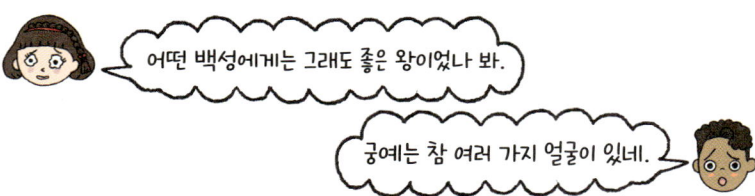

이렇게 곳곳에 궁예에 관한 전설이 남아 있는 것을 보면 백성들 가운데 궁예에 대해 아쉬운 마음을 가졌던 사람도 많았다고 볼 수 있어요. 또 왕건이 즉위한 뒤 왕건에 반대하는 반란이 각지에서 잇달아 일어났는데, 이를 보아도 궁예가 잔인한 폭군만은 아니었다는 것을 짐작할 수 있어요.

　어지러운 세상에 빛이 되고자 일어섰던 궁예. 한때는 용맹한 장군으로 세상을 호령한 궁예. 하지만 나중에는 자신의 오른팔이었던 부하에게 쫓겨나는 신세가 되어 무덤도 갖지 못한 채 세상을 떠나고 말았지요. 세상 모든 사람의 마음을 읽을 수 있는 미륵불이라고 자부했던 궁예의 마지막은 참으로 쓸쓸했습니다. 자기 자신도 구하지 못하고, 이인자의 마음도 읽지 못했던 왕은 그렇게 역사에서 사라졌답니다.

　자, 그럼 궁예를 내쫓고 왕이 된 왕건은 이후 어떤 운명 앞에 놓일까요? 궁예 곁에서 궁예의 성공과 실패를 모두 지켜보았던 왕건은 어떤 마음으로 고려를 이어 가게 될까요? 이번에는 왕건의 이야기를 따라가 보아요!

500년 고려의 시작, 태조 왕건
고려를 세운 **왕건**

우리는 지금 919년, 고려의 개경에 도착했어요. 신하들의 추대로 태봉의 왕이 된 왕건은 수도를 철원에서 송악으로 다시 옮기고 나라 이름도 고려로 되돌려 놓습니다.

궁예가 후고구려를 세운 901년부터 왕건이 왕위에 오르는 918년까지, 왕건은 궁예가 가장 아끼고 믿었던 신하였지요. 궁예를 도와 영토를 넓히며 후고구려를 강하게 만들었던 왕건. 그러나 나중에는 자신을 총애한 왕을 내쫓고 스스로 왕위에 오른 왕건. 그는 궁예의 폭정을 끝낸 영웅일까요, 아니면 주군에게 등 돌린 배신자일까요?

왕건이 세운 고려는 이후 500년 역사를 이어 가게 됩니다. 그가 고려 건국의 주인공이 되기까지, 숨겨진 이야기를 벌거벗기러 가 볼까요?

바다에 얽힌 전설

왕건은 통일 신라의 국력이 나날이 쇠약해지던 877년에 태어났어요. 왕건의 조상에 관해서는 바다와 관련된 전설이 하나 있어요. 그 전설에 따르면 왕건의 할아버지는 배를 타고 중국으로 가던 도중 서해 용왕을 괴롭히던 늙은 여우를 잡아서 없애 버렸어요. 용왕은 그 답례로 왕건의 할아버지를 자신의 딸과 혼인시켰지요. 그러니까 왕건의 할머니는 용왕의 딸이었다는 말이에요.

이 이야기는 왕건 집안이 해상 호족으로서 송악에서 큰 세력을 이루게 되었다는 것을 알려 줘요. 실제로 왕건의 아버지 왕륭은 해상 무역으로 큰돈을 벌었어요.

왕건의 출생과 관련해서도 전설 같은 일화가 전해지고 있어요. 왕건이 태어나기 전 어느 날, 유명한 승려이자 풍수지리의 대가였던 도선 스님이 왕륭의 집 앞을 지나가다가 글을 한 장 써 주었어요. 그러고는 이런 말을 남기고 사라졌다고 해요.

"머지않아 부인이 아들을 낳을 것이오. 그때까지 이 글을 읽지 마시오. 아들이 태어나면 읽고, 그 후에는 반드시 태워 버리시오."

왕륭은 대사의 말대로 이듬해 아들을 얻게 되었어요. 왕륭은 아들을 '건'이라 이름 짓고는 간직하고 있던 스님의 종이를 펴 보았지요. 거기에는 상상도 못 한 내용이 적혀 있었어요.

"이 아이는 자라서 어지러운 나라를 평정하고 새로운 왕이 될 것이오."

순천 선암사에 있는, 도선 스님을 그린 그림 ↑

왕륭은 너무 놀라 주변을 살폈어요. 아들이 왕이 된다니, 설레기보다 두려웠어요. 이것은 역모에 해당하는 일이니까요!

왕륭은 종이를 아내에게도 보여 주지 않고 도선 스님이 당부한 대로 얼른 태워 버렸어요. 그러면서 마음속으로 아들 왕건이 예사롭지 않은 인물이 되겠다고 생각했어요. 이후 왕건은 아버지의 기대처럼 남다른 모습으로 자랐습니다.

역모
나라를 배반하는 일을 꾀하는 것.

왕건은 어릴 적부터 몸집이 컸다고 전해져요. 머리 또한 총명하였는데, 스스로 글공부는 물론 무예를 익히는 일을 게을리하지 않았다고 하지요. 〈고려사〉에는 왕건에 대해 이렇게 기록되어 있어요.

고려사
고려 태조부터 마지막 왕인 공양왕까지, 고려 시대의 역사를 기록한 책이다.

"어려서부터 총명하였고, 용과 같은 얼굴에 이마 한가운데 뼈가 도드라졌으며, 턱은 네모나고 이마는 널찍하였다. 기세가 힘차고 깊었으며 말소리는 넓고도 컸다. 너그럽고 후하여 세상을 구제할 만한 도량이 있었다."
〈고려사〉

또 왕건은 활쏘기 실력이 뛰어나 소나무에 달린 작은 솔방울을 명중시킬 수 있을 정도였어요. 왕건 때문에 동네 소나무의 솔방울이 씨가 마를 지경이었다고 하지요.

하루는 왕건이 하인과 함께 노루 사냥을 하러 산으로 갔어요.

"노루다!"

왕건이 빠르게 활을 쏘았고 날아간 화살은 노루를 정확하게 맞혔어요.

"도련님, 이번에도 명중입니다!"

하인이 노루를 향해 달려갔는데, 쓰러졌던 노루가 벌떡 일어나 숲속으로 달아나는 게 아니겠어요? 땅에는 노루 몸에 꽂혀 있던 화살이 떨어져 있었고요. 하인이 이상해서 화살을 살펴보니 화살에 촉이 없었어요.

"도련님, 왜 촉 없는 화살을 쏘셨어요?"

하인은 다 잡은 노루를 놓쳐 크게 실망하며 말했어요. 그러자 왕건은 웃으며 대답했어요.

"나는 활쏘기 연습을 한 것이지, 노루를 잡으려고 활을 쏜게 아니다. 짐승을 몽땅 잡으면 다음에는 활쏘기 연습을 할 수 없지 않느냐? 하하하."

무너져 가는 신라 왕실

왕건이 열 살쯤 되었을 때, 신라의 세 번째 여왕인 진성 여왕이 제51대 왕위에 올랐어요. 그때 이미 신라의 국가 체제는 무너져 가고 있었어요. 여러 곳에서 그 조짐을 보이고 있었죠.

한때 수도 서라벌 거리에는 '나무망국 찰니나제'라는 글이 쓰인 종이가 뿌려졌어요. 이 글귀는 '신라여, 여왕이여, 제발

망하기를!'이라는 뜻이었어요.

또 나라 곳곳에서 농민들이 들고 일어났어요. 한번 반란이 일어나면 전국으로 번져 갔지요. 하지만 조정에는 반란군을 진압할 능력이 없었어요. 지방에서 군인을 뽑아서 관군을 조직해야 하는데, 지방은 이미 호족들 세상이 되어 있었거든요. 북원에서는 양길이, 철원에서는 궁예가, 완산주에서는 견훤이 세력을 크게 확장하고 있었어요.

혼란한 세상에서 백성들이 믿을 곳은 어디에도 없었어요. 이때 당나라에서 들어온 새로운 불교 종파인 선종이 백성들에게 널리 퍼졌어요. 선종에서는 문자를 깨우치지 못해도 누구나 부처가 될 수 있다고 가르쳤어요.

또 미륵 신앙도 퍼졌어요. 백성들은 불교에 기대어 하루하루 간신히 살아가면서 자신을 구해 줄 미륵 부처가 나타나기를 기다렸지요.

↑선종을 창시한 달마 대사를 그린 〈김명국필달마도〉

그러자 이 틈을 타서 스스로 미륵불이라고 말하며 민심을 휘어잡으려는 사람들도 나타났어요.

"나야말로 미륵불이다. 내가 새 나라를 이끌어 갈 것이다!"

"미륵불인 나를 믿으면 후생에는 부처님의 보은을 받고 큰 인물로 태어날 수 있다!"

이 지경이 되니 통일 신라의 운이 다해 새로운 나라가 일어날 것이라고 생각하는 사람들이 늘어났어요.

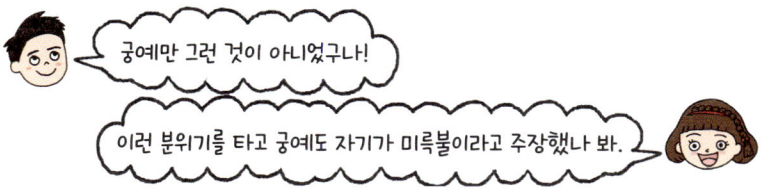

궁예만 그런 것이 아니었구나!

이런 분위기를 타고 궁예도 자기가 미륵불이라고 주장했나 봐.

궁예의 부하가 되어

이런 혼란 속에서 앞날을 모색하던 왕건은 스무 살 되던 해, 궁예 밑으로 들어가게 되었어요. 아버지 왕륭의 결단 때문이었지요. 왕륭은 정세를 빠르게 파악하고는 그때 한창 세력을 키워 나가던 궁예의 편에 서는 것이 유리하겠다고 판단했어요. 그래서 아들을 불러 이렇게 말했어요.

"철원 지역에 있는 궁예 장군의 기세가 대단하다는구나. 조만간 여기 송악에서까지 군사를 일으킬 것 같아 걱정이 크다."

"네, 아버지. 저도 궁예 장군에 대해 들었습니다. 궁예 장군이 우리를 공격한다면 전쟁을 피하기 힘들 것 같습니다."

"그래서 아비가 오랫동안 방법을 궁리해 봤단다. 우리가 궁예 장군 밑으로 들어가는 것이 좋을 것 같다. 우리가 먼저 송악을 바친다고 하면 궁예 장군도 크게 기뻐할 것이야."

그렇게 궁예의 부하가 된 왕건은 여러 전투에 참가했어요. 어렸을 때부터 바다와 강에서 생활한 왕건은 육지뿐만 아니라 물 위에서 하는 전투에도 매우 뛰어났어요. 또 전장에서 왕건은 카리스마와 포용력을 두루 갖춘 장수였어요. 탁월한 전략을 펼치며 병사들을 지휘하여 크고 작은 전투에서 연달아 이겼지요.

왕건의 활약에 힘입어 궁예는 빠른 속도로 한강 유역을 손에 넣었어요. 그리고 한강에 배를 띄우면서 오늘날 청주 지역까지 세력을 확장했어요. 궁예의 세력은 날로 커져 갔고, 궁예의 힘이 커질수록 송악으로 찾아오는 백성 수도 많아졌어요.

세력을 넓히던 궁예는 마침내 새로운 나라, 후고구려를 세우고 왕이 되었어요. 후고구려에서도 왕건은 전장을 누비며 영토를 넓히는 일에 온 힘을 다했어요. 바다를 자유롭게 누비며 후백제 땅을 공략했지요. 그렇게 후고구려는 오늘날의 황해도,

강원도, 경기도, 충청도 일대를 손에 넣었어요. 궁예는 왕건이 공을 세울 때마다 아찬에서 대아찬으로, 대아찬에서 시중으로 관직 등급을 높이며 큰 벼슬을 내렸답니다.

중대한 결단

궁예의 총애를 한 몸에 받고 있던 왕건이 잠시 나주로 내려가 있을 때였어요. 갑자기 궁예가 왕건을 수도 철원으로 불렀어요. 당시 궁예는 관심법을 빌미 삼아 조정 대신들은 물론 여자와 아이까지 하루가 멀다 하고 죽일 때였어요. 왕건은 바짝 긴장했어요. 궁예가 예전의 궁예가 아니고, 사람을 의심하며 성격이 포악해졌다는 소문이 파다했으니까요.

예상대로 궁예는 왕건에게 관심법을 쓰면서 왕건이 역모를 계획했다고 생트집을 잡았어요. 간신히 위기는 모면했지만 왕건은 불안해졌지요. 언제 또 그런 위기가 닥칠지 알 수 없으니까요.

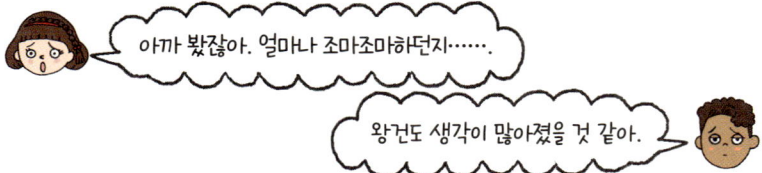

918년 6월 어느 밤, 누군가가 왕건 집 대문을 두드렸습니다. 문을 열어 보니 그곳에는 홍유, 배현경, 신숭겸, 복지겸 네 사람이 전투라도 나갈 것처럼 갑옷과 투구를 입은 채 서 있었어요. 그들은 철원의 동서남북을 지키는 기병 대장들로, 모두 궁예와 함께 30년을 동고동락한 후고구려 최고의 무장이었어요. 정변

이 일어나면 누구보다 먼저 궁예를 지켜야 할 호위 무사들이 왕건을 찾아온 거예요. 안으로 들어선 이들은 왕건에게 엄청난 말을 쏟아 냈어요.

"저희가 지난 30년간 모셨던, 백성을 위하던 폐하는 이제 없습니다."

"날이 갈수록 폐하의 망상과 포악함이 극에 달하고 있습니다."

"예로부터 포악한 임금을 내쫓고 지혜로운 임금을 세우는 것이 올바른 일이라 했습니다."

"우리는 궁예를 몰아내고자 합니다. 장군께서 우리를 이끌어 주십시오!"

그러더니 장군들이 일제히 일어서서 왕건에게 큰절을 올리는

게 아니겠어요? 자신에게 군왕에 대한 예의를 갖추는 장수들을 보며 왕건은 숨이 멎는 듯했어요.

"지금 나보고 반역을 하라는 말인가?"

왕건은 말도 안 되는 일이라며 거절했어요. 그러자 장수들이 간곡히 부탁했어요.

"때는 만나기는 어렵지만 놓치기는 쉽고, 하늘이 주는 것을 받지 않으면 도리어 재앙을 받는다고 했습니다. 저희는 시중 어른을 새로운 왕으로 모시기로 했습니다. 부디 나라와 백성을 살리십시오!"

왕건은 마음을 진정시키고 차분하게 입을 열었어요.

"나는 젊어서부터 여러분과 같은 심정으로 폐하를 섬겼소. 그런데 정으로 보나 신하된 도리로 보나 내가 어찌 반역할 수 있겠소. 우리 폐하를 더 잘 보필할 방법을 찾아봅시다!"

하지만 궁예를 몰아내기로 마음먹은 장군들은 뜻을 굽히지 않았어요. 한 치 양보 없이 팽팽한 긴장감만 흐를 뿐이었어요.

이때 왕건의 부인 유씨가 설득에 나섰습니다.

"포악한 임금을 없애 백성이 살길을 마련하는 일은 예로부터 있었습니다. 의로운 군사들과 뜻을 모아 불의한 임금을 없애는 데에 주저하지 마세요."

여기서 퀴즈!

Q. 부인 유씨는 왕건을 설득하면서 왕건에게 '이것'을 주었어요. 과연 이것은 무엇일까요?

유씨는 왕건이 성공하면 왕비가 되지만, 실패하면 역적이 돼서 집안이 풍비박산 날 수도 있잖아요. 그러니까 뭔가 부적 같은 걸 줬을 것 같아요. 대대로 내려오는 승리의 부적!

땡! 그보다는 좀 더 실제로 사용하기 좋은 것이에요.

이방원이 조선을 건국할 때 그 부인처럼 했을 것 같아요. 숨겨 두었던 무기를 꺼내 준 거예요!

땡! 이방원은 사병과 무기를 빼앗겼지만, 왕건은 무기를 빼앗긴 적은 없어요. 그래도 만세가 정답에 가깝게 대답했어요. 군사를 일으킬 때 꼭 필요한 것이에요.

아! 혹시 갑옷? 궁예의 군사와 싸우려면 갑옷이 필요하잖아요!

딩동댕! 마이클이 정답을 말했어요. 유씨 부인은 왕건에게 갑옷을 입혔답니다.

마침내 왕건은 부인 유씨가 건네준 갑옷을 입었어요. 궁예를 대신해 나라를 바로잡겠다고 결심한 것이지요. 장군들은 왕건을 에워싸고 외쳤어요.

"왕공께서 의로운 깃발을 들었다!"

왕건이 길로 나서자 수많은 사람이 달려와 왕건을 따랐어요. 당시 궁궐 밖에서 북을 치면서 기다리는 사람만 1만 명이 넘었다고 전해집니다. 궁예의 폭정이 도를 넘자 마침내 태봉국의 민심이 돌아서고 만 거예요. 왕건이 궁궐에 도착하자 왕건을 지지하는 군사 2,000여 명이 모여 북을 치며 왕건에게 충성을 맹세했어요.

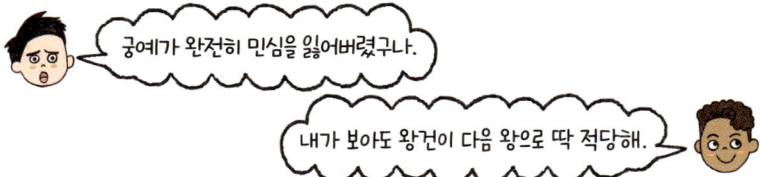

HTX VIP 보태기

왕건이 궁예를 몰아낸 날, 인파의 진실은?

사실 1만 명이 넘는 사람이 갑자기 모이기는 어려울 거예요. 학자들은 왕건이 백성들에게 그만큼 큰 지지를 받았다는 것을 보여 주기 위해서 기록을 조금 과장한 것이라고 생각하고 있어요.

왕건이 궁궐에 도착하자 궁궐 문이 활짝 열렸어요. 반항하거나 싸우려는 병사는 한 명도 없었어요. 그렇게 왕건은 궁예를 몰아냈습니다. 혁명에 성공한 거예요. 왕으로 추대된 다음 날, 철원성에서 왕건의 즉위식이 거행되었어요. 왕좌에 오른 왕건은 나라 이름을 다시 고려로 되돌리고, 연호를 '천수'라고 선포했어요.

918년, 왕위에 올랐을 때 왕건의 나이는 마흔두 살이었어요. 스무 살에 궁예의 부하가 되었던 왕건은 이제 고려의 왕으로 우뚝 서게 되었어요.

연호
동아시아에서 임금이 자신이 다스리는 연도에 붙이는 칭호. 즉위한 해에 붙이기도 하고 특별한 의미를 부여하기 위해 연호를 새로 정하기도 한다.

500년 고려의 시작, 태조 왕건

왕건, 후삼국을 통일하다

- 우와! 이게 뭐예요?
- 개태사라는 절에 있는 대형 철솥이란다.
- 여기다 밥을 지었다고요?
- 한 번에 1,000명까지 먹을 밥을 지을 수 있었대요.
- 사람이 들어가 누워도 될 정도로 큰데요!

우리는 지금 940년, 충청남도 논산에 있는 개태사라는 절에 도착했어요. 매직 윈도에서 보이는 이것은 지름 3미터, 높이 1미터, 둘레 9.3미터나 되는 대형 가마솥이에요. 태조 왕건은 후삼국 통일을 기념해서 개태사를 세우고는 이 가마솥을 하사했다고 전해지요.

고려를 건국한 태조 왕건 앞에는 후삼국 통일이라는 큰 과제가 놓여 있었어요. 궁예의 뒤를 이어 왕건이 고려의 왕이 되었을 때만 해도 한반도의 최강자는 견훤이 세운 후백제였어요. 하지만 마침내 후삼국을 통일한 사람은 왕건이었어요.

경제와 군사 면에서 고려보다 강한 후백제. 종이호랑이 신세로 전락했지만, 천년 왕조의 정통성을 간직한 신라. 태조 왕건은 이 두 나라와의 다툼에서 최후의 승자가 되었지요.

왕건은 어떻게 후삼국 통일이라는 위대한 업적을 달성할 수 있을까요? 그 과정을 같이 따라가 보아요.

오늘날 논산에 있는 개태사 절터

불안한 왕권, 다시 송악으로

왕건은 왕이 되긴 했지만, 왕권은 아직 그리 탄탄하지 않았어요. 왕권을 위협하는 일이 자꾸 일어났지요. 환선길의 역모도 그중 하나였어요. 어느 날, 마군장군˙ 환선길의 아내가 남편을 부추겼어요.

> **마군장군**
> 고려 전기에 있던 기병 부대의 지휘관.

"왕건이 왕을 쫓아내고 왕이 되었는데, 사실 이 나라 최고의 장군은 당신이잖아요? 왕건 따위가 무어랍니까? 이 기회에 왕건을 쳐서 나라를 차지하는 것이 어때요?"

듣고 보니 환선길도 왕위가 탐났어요. 자신이 거느린 군사력이라면 왕건쯤이야 싶었지요. 환선길의 이런 야심은 왕건을 도와 궁예를 내쫓았던 복지겸의 귀에 들어갔습니다. 복지겸은 왕건에게 이 사실을 알리지요.

환선길이 역모를 꾸미고 있다는 소문이…….

"폐하, 마군장군 환선길이 역모를 꾸미고 있으니 어서 그를 잡아들이소서."

하지만 왕건은 신중했어요.

"명확한 증거가 있소? 증거도 없이 그를 죽인다면 다른 호족들도 두려워하며 반발심이 생길 텐데……."

그 틈을 노려 환선길은 정예 병사 50여 명과 함께 내전에 침입했어요. 그때 왕건은 신하들과 회의를 하고 있지요.

"역적 왕건은 내 칼을 받아라!"

환선길은 기세 좋게 외쳤지만 왕건은 꿈쩍도 하지 않았어요. 오히려 "짐이 왕이 된 것은 하늘의 뜻인데, 네가 감히 이럴 수 있느냐!" 하고 꾸짖으며 태연한 표정으로 환선길을 지그시 바라볼 뿐이었어요. 평온한 왕건의 태도를 보고 환선길은 지레 겁을 먹었어요. 어딘가에 복병이 숨어 있을 거라 짐작하고는 도망치기 시작했지요. 하지만 금세 잡혀 처형당하고 말아요.

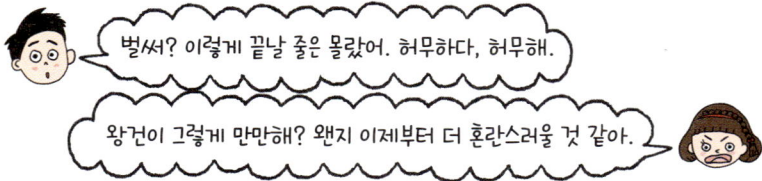

환선길 사건이 일어난 지 얼마 지나지 않아 이번에는 청주의 호족 세력이 반란 계획을 꾸민다는 사실이 탄로났어요. 왕건은

반란이 일어나기 전에 주동자들을 잡아 처형했지만, 왕권은 여전히 불안했지요.

왕건을 위협하는 또 다른 인물은 웅주(지금의 공주)의 성주 이흔암이었어요. 이흔암은 궁예에 대한 충성심이 높았고 궁예 또한 그를 매우 아꼈어요. 하지만 왕건이 궁예를 내쫓자 이흔암은 왕건이 부르지도 않았는데 몰래 웅주성을 떠나 철원 도성으로 올라왔어요. 왕건을 왕으로 인정할 수 없다는 뜻이었지요. 그 바람에 웅주성은 백제에게 점령당하고 말았어요.

그렇다고 한때 같은 장수였던 사람을 자신에게 충성하지 않는다는 이유만으로 처벌할 수는 없었어요. 충성하지 않는 호족을 벌로 다스린다면, 나라는 또다시 혼란스러워질 게 뻔하니까요.

이런 이흔암을 어찌해야 할지 왕건은 고민이 깊어만 갔어요. 불행인지 다행인지 그때 마침 이흔암이 역모를 꾸미고 있다는 소식이 들려왔어요. 역모를 그대로 두고 볼 수 없었던 왕건은 이흔암을 바로 처형했지요.

이흔암의 반란을 막을 수는 있었지만, 왕건의 고민이 해결된 것은 아니었어요. 이 사건을 통해 철원 지역 백성들은 왕건을 좋게 생각하지 않는다는 사실이 드러났기 때문이에요. 왕권을 더욱 공고히 하는 방법이 필요했어요.

그래서 이듬해에 왕건은 자신의 세력이 있는 송악으로 돌아와

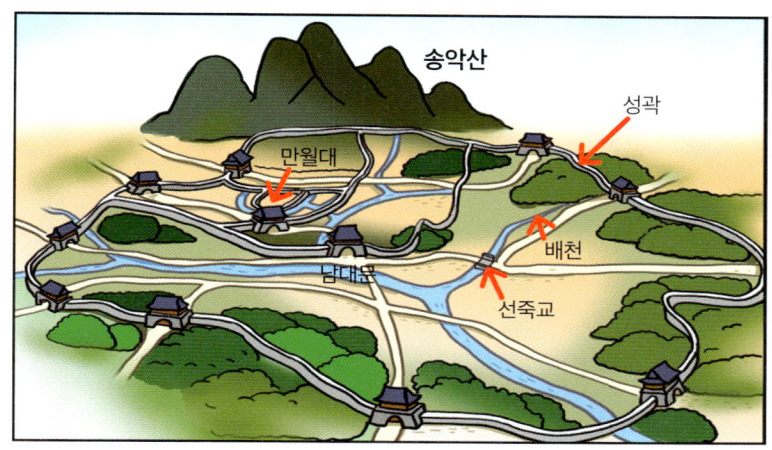

개경 나성의 모습 ↑

이곳을 다시 도읍지로 삼았어요. 이름도 개경으로 바꾸었지요. 왕건은 개경 송악산 남쪽 기슭에 궁궐을 짓고 나라를 다스렸어요. 그리고 궁궐을 중심으로 남쪽과 북쪽을 연결하는 남북 대로, 동쪽과 서쪽을 연결하는 동서 대로 등 큰 도로 두 개도 건설했지요. 이 중심 도로 일대에는 주요 관청과 시장이 쭉 늘어섰어요.

비슷하게 생긴 개경과 한양

고려의 수도 개경의 구조는 훗날 조선의 수도 한양을 건설할 때 큰 영향을 주었어요. 개경과 비슷하게 경복궁의 남문인 광화문이 건설되었고, 그 앞에 나랏일을 하는 관청들이 줄지어 세워졌어요. 그뿐만 아니라 거란의 침입을 막기 위해 개경을 둘러싼 성벽 '개경 나성'처럼, 한양을 둘러싼 한양 도성도 만들어졌답니다.

민심을 다독이는 왕건

건국 초기, 태조 왕건의 중요한 과제는 불안한 정치를 안정시키고 백성들이 살기 좋게 만드는 것이었어요. 나라가 안정되려면 반란 세력을 없애는 일만큼이나 백성들이 먹고살 수 있도록 돕는 일도 필요했지요.

통일 신라 말기의 혼란 속에서 백성들은 자연재해와 수탈로 인해 극심한 고통을 겪었어요. 왕건은 당시 나라 곳곳에서 일어난 농민 봉기와 반란이 무거운 세금 때문이었다는 것을 잘 알고 있었어요. 그래서 즉위하자마자 이렇게 선포했지요.

"이제 고려의 백성이 되었는데 무거운 세금 때문에 고통을 겪어서는 안 된다. 백성에게 세금을 거두되 알맞게 거두어라!"

그러면서 백성들이 내야 할 세금을 10분의 1로 대폭 줄여 주었어요. 그전에는 세금이 워낙 많아서 백성들은 열심히 농사를 지어도 세금을 내고 나면 남는 것이 없었어요. 고려는 후백제와 치열하게 대립하고 있었기 때문에 세금을 줄이는 데는 큰 결단이 필요했어요. 하지만 왕건은 전쟁에 필요한 칼과 무기를 마련하는 일보다 백성의 어려운 사정을 보살피는 일이 더욱 중요하다고 여긴 거예요.

　또 왕건은 '흑창'이라는 제도를 만들어서 굶는 백성들을 도와주었어요. 식량이 부족한 봄에 나라에서 미리 곡식을 나눠 주었다가 가을 추수가 끝나면 그만큼 돌려받는 제도였어요. 또 가혹한 세금 때문에 스스로 노비가 된 백성들의 신분을 회복시켜 주기도 했어요.

　이처럼 왕건은 백성들의 어려운 처지를 불쌍히 여기고 생활에 도움이 되는 정책을 펼쳐 민심을 다독이려고 노력했어요. 이런 정책으로 고려는 빠르게 안정되어 갔어요.

호족 세력 끌어안기

왕위에 오른 후에도 왕건은 여전히 지방에서 세력이 큰 호족들의 힘을 어떻게 제어하고 왕권을 강화할지 고민했어요. 궁예는 호족들을 경계하고 억누르기만 했지만, 왕건은 호족들을 자기편으로 삼는 데 더욱 힘을 쏟았어요. 호족을 다루는 일에는 확실히 궁예보다 왕건이 한 수 위였어요.

왕건은 더 많은 호족을 자기편으로 끌어모을수록 자신의 힘이 더욱 커질 거라고 생각했어요. 자칫 힘센 호족 몇몇이 뭉치기라도 하면 왕권에 도전할 수도 있었어요. 또 통일 신라, 후백제와 맞서고 있는 상황이니 나라 안의 힘이 여러 갈래로 갈라지면 안 된다고 여겼지요. 호족을 어떻게 관리할지에 따라 고려 왕조의 운명이 바뀔 수 있는 문제였어요.

그래서 왕건은 호족을 관리하는 다양한 정책을 폈어요. 한편에서는 호족을 적극적으로 끌어안고 또 한편으로는 견제했어요. 대표적인 호족 포용 정책은 혼인 정책이에요. 지방의 힘 있는 호족들의 딸과 결혼하는 거예요. 이를 통해 왕과 호족이 사위와 장인 사이가 되었지요. 왕건은 자기 세력이 약한 지역에서 더 많은 부인을 얻었어요. 그렇게 전국 각지에서 모두 29명의 부인을 얻게 됩니다.

HTX VIP 보태기

호족을 견제하는 정책

왕건은 호족의 환심을 사는 한편, 호족을 견제하는 정책도 썼어요. 사심관 제도와 기인 제도가 가장 대표적이지요. 사심관 제도는 지방 호족을 사심관으로 임명해서 자기 지역을 책임지고 관리하도록 하는 거예요. 그럼으로써 지방 호족이 왕의 통제를 받게 했어요.

기인 제도는 호족의 아들을 궁궐에 머물게 해서 왕실 경호 등을 맡기는 제도예요. 이때 그 아들에게 대우를 잘해 주어 왕에게 충성하게 만들었지요. 또 아들이 궁궐에 있으니 호족들은 반란을 꿈꾸기도 힘들었어요.

왕건은 왕비 6명, 부인 23명을 두었고, 그 사이에서 아들 25명, 딸 9명, 합쳐서 34명의 자식을 두었어요. 부인을 29명이나 두었다는 것은 그만큼 왕건의 왕권이 약했다는 것이에요. 수많은 호족과 손을 잡아야 했다는 뜻이지요.

왕건 부인들의 출신 지역 ↑

HTX VIP 한국사 보태기

장화 왕후와 왕건의 인연

왕건의 부인 중에 왕건과의 만남이 특별했던 사람이 있어요. 나주 호족 오씨의 딸이 그 주인공이에요. 훗날 두 번째 왕비인 제2비 장화 왕후가 되는 오씨와 왕건이 만난 이야기를 알아볼까요?

태봉의 장수 시절, 왕건은 후백제를 공격하기 위해 나주에 도착했어요. 말을 타고 샘 옆을 지나가다가 한 처녀를 마주했지요.

왕건은 목이 말라 처녀에게 물을 청했어요. 그러자 처녀가 물 한 바가지를 떠서 주는데, 물 위에 버드나무 잎을 하나 따서 올려 주는 것 아니겠어요?

목이 몹시 마른데, 왜 나뭇잎을 올려놓아서 빨리 마시지 못하게 하시오?

급히 마시면 체하십니다. 천천히 드십시오.

왕건은 처녀의 사려 깊은 행동에 반하여 그 처녀를 부인으로 맞아들였어요. 이 처녀는 왕건의 두 번째 부인이자 왕비가 되어 아들을 낳았지요. 이 아들이 왕건의 뒤를 이은 고려의 제2대 왕, 혜종이었답니다.

왕건과 사돈 관계가 된 호족들은 이제 안심하고 왕건을 따랐어요. 하지만 여기에는 위험 요소도 있었어요. 자신의 외손자가 왕이 되기를 바라는 외할아버지가 무척 많아졌으니 이들이 반란을 일으킬 위험 또한 높아진 거지요. 여기서 퀴즈!

Q 왕건이 호족들을 자기편으로 만든 방법이 또 하나 있어요. 바로 자신을 도운 지방의 호족 세력들에게 '이것'을 내려 주는 것이에요. 이것은 무엇이었을까요?

문제가 너무 쉬워요. 높은 벼슬! 높은 자리에 앉히고 자기 측근으로 삼았겠죠. 딴마음 안 먹게요.

에잇, 내가 맞히려고 했는데! 남부럽지 않게 높은 벼슬을 줘서 충성심이 저절로 우러나게 했을 것 같아요.

땡! 오답이야.

세금을 깎아 준다는 어명을 내렸을 것 같아요.
호족들은 땅이 많으니까 세금을 많이 내야 하는데,
그걸 줄여 주는 거죠.

잠깐, 세금은 벌써 깎아 줬잖아?
저는 말을 줬을 것 같아요. 지금도 높은 직책에
있는 사람들에게는 자동차를 주기도 하잖아요.
지금은 자동차지만 그때는 말이었겠죠?

모두 그럴 법한 생각을 해냈지만 아쉽게도 모두 땡!
정답은 '성씨'예요. 지금은 누구나 김씨, 이씨 같은
성씨를 갖고 있지만, 당시만 해도 성을 갖는 것은
몇몇 귀족만 누릴 수 있는 특권이었어요. 그래서 아직
성씨가 없는 지방 호족들에게 성씨를 내리는 건
특별 대우를 하는 것과 같았지요.

왕건은 자신의 성씨인 '왕씨'를 내려 주기도 했어요.
강원도 명주 지역의 장군이었던 왕순식이 그런
사람이었어요. 그는 오랫동안 왕건을 인정하지 않고
버티다가 항복했는데, 왕건은 그에게 토지와 집을
선물하며 왕씨 성도 함께 내려 줬어요. 왕씨 성을
받으면 왕과 친척이 되는 거니까 그 무엇보다 최고의
대접을 받는 셈이었지요.

고려로 몰려오는 호족들

왕건은 백성들의 세금을 줄여 주고, 호족을 자기편으로 만들면서 고려 내부를 빠르게 안정시켜 나갔어요. 하지만 나라 밖에서는 여전히 후백제가 고려를 위협하고 있었지요.

견훤의 후백제는 군사력에서 고려보다 강했어요. 그뿐만 아니라 과거 백제가 중국 땅의 여러 나라와 교류한 것처럼 후백제는 중국 땅의 오월, 후당 등 여러 나라에 사신을 보내며 적극적인 외교를 했어요. 경제력, 군사력, 외교력까지 탄탄한 후백제였으니 왕건은 긴장의 끈을 놓을 수 없었지요.

그런데 어느 날, 왕건에게 아주 반가운 소식이 날아들었어요. 견훤의 아버지 아자개가 고려로 귀부를 했다는 거예요! 귀부는 스스로 가서 복종한다는 뜻이에요. 한마디로 아자개는 아들의 맞수였던 왕건에게 항복한 거지요. 견훤에게는 통탄할 일이지만, 왕건에게는 천군만마를 얻는 일이었어요. 덕분에 왕건은 일석삼조의 효과를 거두었어요.

첫째, 당시에는 호족이 귀부를 하면 그를 따르는 군사, 재산, 지역 백성까지 왕에게 소속되었어요. 아자개의 귀부로 신라의 상주 지역이 왕건의 손에 들어오게 되었지요. 이렇게 왕건은 피 한 방울 흘리지 않고 세력을 넓혀 갔어요.

둘째, 다른 어떤 호족의 귀부보다 견훤에게 큰 충격과 배신감을 주었어요.

셋째, 아자개처럼 세력 있는 호족의 항복은 다른 호족들에게도 영향을 끼쳤어요.

그러면 아자개는 왜 아들의 적이었던 왕건에게로 돌아선 걸까요? 바로 왕건의 친신라 정책 때문이었어요. 견훤은 신라를 무력으로 응징해야 한다고 선언했지만 왕건은 달랐어요.

"전쟁으로 인한 신라 백성들의 피해를 줄이겠다!"

"신라의 정통성을 받들겠다!"

왕건은 이렇게 주장하며 신라인들의 마음을 얻어 나갔어요. 물론 이렇게 한 데에는 다 이유가 있었지요. 신라의 중심인 경상도 지역에는 군사력과 경제력을 모두 쥔 호족이 많았어요. 왕건은 이들을 통합해서 점차 세력을 확장해 나가겠다는 큰 그림을 그리고 있었어요. 손에 피를 묻히지 않고 평화롭게 신라를 흡수해 통일하고자 한 거예요.

신라 지키기에 나선 공산 전투

왕건이 이런 방식으로 여러 호족을 자기편으로 끌어들여 야금야금 세력을 넓혀 가자 견훤은 위기감을 느꼈어요. 그래서 신라와 고려의 우호 관계를 끊어 버려야겠다고 결심했습니다. 그렇다고 강한 고려를 공격할 수는 없었어요. 그보다는 약했던 신라를 먼저 노렸지요.

927년 10월, 견훤은 신라를 기습 공격했어요. 신라로서는 마른하늘에 날벼락 같은 일이었지요. 신라의 경애왕은 곧바로 고려의 왕건에게 사신을 보내 구원을 요청했어요.

"도와주시오! 군사를 보내 후백제를 물리쳐 주시오!"

하지만 견훤의 후백제군은 고려의 지원군이 도착하기도 전에 신라의 도성에 들이닥쳤어요. 후백제 군사 수천 명이 신라 도성 곳곳을 불태우고 약탈했지요. 순식간에 도성을 점령한 견훤은 마치 제집인 양 신라의 궁궐로 들어갔어요.

이 긴박한 순간, 신라의 경애왕과 대신들은 어디에 있었을까요? 이들은 적이 이렇게 가까이 온 줄도 모르고, 포석정에서 어지러운 나라를 지켜 달라고 하늘에 제사를 지낸 뒤 연회를 열고 있었어요. 그때 칼을 빼든 후백제군이 포석정에 나타났어요.

경애왕은 귀족들과 함께 도망치다가 후백제군에게 붙잡혔어요. 그리고 견훤 앞으로 끌려가서는 초라한 신세로 무릎을 꿇었지요. 견훤은 경애왕에게 이렇게 명령합니다.

"신라 왕은 스스로 목숨을 끊으시오."

↑ 경주에 있는 포석정 유적

HTX VIP 보태기

견훤이 신라를 멸망시키지 않은 이유

신라를 그대로 둔 데에는 견훤의 치밀한 계산이 숨어 있어요. 만약 견훤이 신라를 무력으로 아예 멸망시키면, 친신라계 호족들이 그에 반발해 견훤에게 등을 돌리고, 왕건 편으로 돌아설 가능성이 컸어요. 견훤은 신라를 무너뜨리는 대신 신라 왕을 교체하여 왕건과 가깝게 지내는 신라 호족들에게 경고를 보낸 거예요. 하지만 이미 신라에 쳐들어왔다는 사실만으로도 견훤에 등을 돌린 사람이 많았답니다.

견훤의 재촉을 견디지 못한 경애왕은 결국 자결하고 말았지요. 그 뒤 견훤은 경애왕의 친척인 경순왕을 신라의 다음 왕으로 세웠어요. 신라를 멸망시키는 대신 새로운 왕을 세워 신라의 명맥을 이어 가게 했지요.

 왕의 최후는 참 비극적일 때가 많아.

통일 신라는 이렇게 끝나는 건가, 아닌가?

견훤이 신라 왕실을 장악했다는 충격적인 소식은 곧 왕건에게 전해졌어요. 이는 사실상 신라가 후백제의 손안에 들어갔다는 소식이었지요. 견훤이 이대로 후백제로 돌아가게 놔둔다면, 신라는 물론 후삼국 통일의 판세까지 견훤에게로 기울어질 일! 왕건은 지금이 견훤의 목을 노릴 절호의 기회라고 생각했어요.

왕건은 신라에서 후백제로 돌아가는 견훤과 후백제군을 공산(지금의 대구 팔공산)에서 공격하기로 했습니다. 공산은 산악 지형이라 숨어 있기에 좋고, 적군이 왔을 때 갑자기 공격하기에도 딱 알맞았지요.

"우리가 견훤보다 먼저 공산에 도착해서 동태를 살핀다. 공산은 위쪽에서 아래가 잘 내려다보이니, 공산에 숨어 있다가 견훤의 군사들이 지나가면 재빨리 내려가 공격하라!"

왕건은 자신은 물론 고려의 장수들 모두 전쟁 경험이 많았기 때문에 이 작전이 성공하리라 자신했어요. 왕건의 예상대로 견훤과 후백제군은 돌아가는 길에 공산을 지나갔지요. 그때 숨어 있던 왕건의 고려군과 맞닥뜨린 견훤! 한 치의 물러섬 없는 공방이 시작됐어요.

이 전투의 결과는 어떻게 되었을까요? 왕건의 예상을 뒤엎고 견훤이 승리를 거머쥐었어요. 견훤은 왕건 못지않게 숱한 전쟁을 치른 백전노장이었어요. 그리고 신라가 왕건에게 구원 요청을 보냈다는 정보도 입수했기 때문에 왕건의 기습도 예상하고 있었지요. 견훤은 회군하는 내내 군사를 풀어 고려군의 움직임을 살피고 있었던 거예요.

견훤의 전략과 전투력은 왕건보다 한 수 위였어요. 그 앞에서 고려 군사들은 거의 전멸되었지요. 그게 끝이 아니었어요.

왕건마저 후퇴하던 중에 빗발치던 화살에 맞고 말았어요. 그야말로 목숨이 위태로운 상황! 그런데 이때 왕건의 오른팔, 신숭겸 장군이 달려와 외쳤어요.

"제가 폐하의 옷을 입고 적을 유인하겠습니다. 폐하께서는 어서 이 자리를 피하시어 훗날을 도모하소서."

왕건은 화들짝 놀라 소리쳤어요.

"나 살자고 장군의 목숨을 위태롭게 할 수는 없소!"

하지만 신숭겸의 결심은 굳건했어요.

"폐하께서는 살아남으셔야 합니다. 후삼국 통일을 이루시어 새로운 세상을 만드셔야 합니다!"

이렇게 말하고는 왕건의 갑옷으로 갈아입고 적진을 향해 달려갔어요. 후백제군은 신숭겸을 왕건이라 착각해 그를 뒤쫓아 갔고, 결국 신숭겸은 죽고 말았지요.

그사이 왕건은 공산을 무사히 빠져나갈 수 있었어요. 왕건은 신숭겸의 희생으로 간신히 목숨을 건졌지만 고려 병사 5,000여 명 중 살아남은 이는 70명에 불과했어요. 공산 전투의 패배는 고려의 국운이 기울 정도로 크게 패했어요. 신숭겸을 포함해 장수 여럿이 전사하는 등 고려군의 손실이 이만저만하지 않았지요. 왕건은 신숭겸이 죽었다는 소식을 듣고 가슴을 치며 매우 슬퍼했다고 해요.

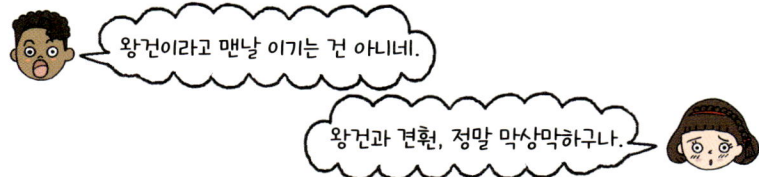

견훤의 군대에 패함으로써 왕건은 군사력에서 막대한 손실을 입었어요. 하지만 신라를 구하기 위해 군사를 일으킨 점에서 경상도 지역 호족들의 환심을 살 수 있었지요. 호족들은 신라를 침략해 경애왕을 죽게 만든 견훤보다는 신라의 보호자로 나선 왕건을 지지했어요. 비록 전쟁에는 패했지만 이후 고려는 후백제와의 경쟁에서 주도권을 잡기 시작했어요.

춘천에 있는 신숭겸 장군 묘

대구에 있는 신숭겸 장군 유적인 표충단 비석

후삼국 통일의 발판, 고창 전투

공산 전투에서 패한 후 왕건은 군사들을 맹훈련시켰어요. 충신들까지 잃게 만든 견훤에게 복수할 때를 기다렸지요. 3년 후 어느 날, 신하들이 왕건에게 다급하게 외쳤어요.

"폐하, 긴급 상황입니다. 지금 견훤이 군사들을 데리고 고창으로 향하고 있다고 합니다."

오늘날 안동 지역인 고창은 신라 호족들이 다스리고 있던 땅으로, 이때까지 고려의 편도, 후백제의 편도 아니었어요. 왕건 입장에서 고창은 고려와 신라를 잇는 중요한 교통로였지요. 이런 곳을 후백제에 빼앗긴다면, 왕건이 그동안 신라와 쌓아 온 우호적인 관계에 틈이 생길 수 있었어요. 반면에 견훤 입장에서는 고창을 차지해 고려와 신라의 관계를 차단해 버리면, 후삼국 통일에 한층 더 가까워질 수 있었지요.

930년 1월, 견훤은 무려 군사 2만 명을 이끌고 고창으로 내달렸어요. 왕건도 질세라 군사를 모아 견훤과의 한판 승부에 나섰지요. 다시 한번 승부를 겨루게 된 왕건과 견훤! 과연 왕건은 공산 전투의 패배를 딛고 일어날 수 있을까요? 견훤은 이 전투마저 이겨 후삼국 통일에 한 발 더 다가갈 수 있을까요?

승리의 여신은 왕건의 손을 들어 주었어요. 왕건이 이끄는

고려군이 대승을 거두었지요. 견훤은 군사를 크게 잃고 물러나야 했어요. 〈고려사〉에는 고창 전투의 결과가 다음과 같이 쓰여 있어요.

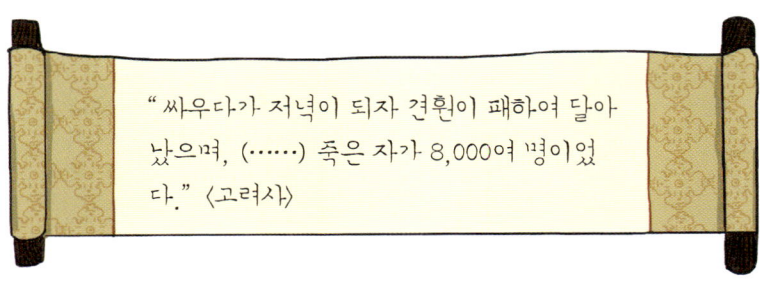

"싸우다가 저녁이 되자 견훤이 패하여 달아났으며, (……) 죽은 자가 8,000여 명이었다." 〈고려사〉

승리의 결정적인 비결은 무엇이었을까요? 바로 고창의 호족들이 왕건에게 투항하고 군사까지 지원해 준 덕분이에요. 고창의 호족들은 견훤에게 강한 적개심을 품고 있었어요. 견훤이 신라의 수도를 점령했을 때 견훤에게 등을 돌렸지요. 고창 호

HTX VIP 보태기

고창 전투에서 유래한 차전놀이

차전놀이는 무형문화재 제24호로, 고창 전투에서 유래한 것으로 알려져 있어요. 큰 나무를 엑스 자 모양으로 엮은 '동채'라는 기구를 이용해서 승패를 겨루는 민속놀이입니다.
즐기는 방법은 이러해요. 먼저 양편을 나누고 동채 위에 대장이 올라서서 한 손으로 줄을 잡고, 한 손으로 지휘를 해요. 앞에 선 머리꾼들이 상대편을 어깨로 밀어젖히고 들어가 상대편의 동채를 내리눌러 땅에 닿게 만들면 승리해요. 이때 승리한 편은 신고 있던 짚신을 하늘로 던져 올려서 기쁨을 표시하기도 했어요.

족들은 견훤이 아니라 왕건을 선택했는데 특히 힘 있는 호족 세 사람은 주민들을 이끌고 왕건 군대에 가담해서 큰 공을 세웠어요. 왕건은 이를 기념하여 세 호족을 태사라는 높은 벼슬에 봉하고 고창군을 안동부로 승격시켰답니다. 안동부라는 명칭에는 '동쪽을 편안하게 했다'는 뜻이 담겨 있어요.

고창 전투 이후로 친신라계 호족들이 왕건에게 대거 투항했어요. 견훤과 왕건, 누구에게로 대세가 기우는지 눈치를 보던 호족들이 이 전투를 계기로 결정을 내린 것이지요. 이로써 왕건은 후삼국 통일에 더 가까워졌어요. 전쟁의 와중에도 왕건은 신라를 정통으로 여기는 민심을 얻어야 최후의 승자가 된다는 사실을 꿰뚫어 보고 있었던 거예요.

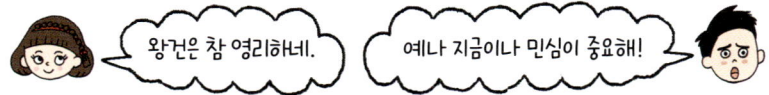

연이은 귀부

고창 전투에서 대승을 거두고 3년 후, 고려 조정에 놀라운 소식이 날아왔어요.

"폐하, 견훤이 절에 갇혀 있다고 합니다."

"그게 무슨 말인가?"

"견훤의 아들이 반란을 일으켜 스스로 왕위에 오르고 아버지를 절에 가두었다고 합니다."

왕건은 깜짝 놀랐습니다. 적이긴 하나, 아들에게 배반을 당한 견훤이 딱하기도 했지요. 왕건은 이내 침착하게 생각했어요.

'이제 견훤이 우리 편이 될지도 모르겠구나…….'

당시 후백제의 상황은 이러했어요. 견훤이 나이가 많아지자 후계자를 정해야 했어요. 원칙대로라면 첫째 아들 신검에게 왕위를 물려줘야 하지만, 신검은 성질이 포악해서 왕이 될 만한 그릇이 못 되었어요. 견훤은 형보다 현명하고 지혜로운 넷째 아들 금강이 왕이 될 만하다고 보았지요. 게다가 풍채도 늠름하니 견훤의 기백을 쏙 빼닮았거든요. 견훤은 아들 열 명 중 장성한 첫째에서 넷째까지 네 아들을 불러 말했어요.

"이제 나는 물러날 때가 되었다. 너희 중 넷째 금강을 내 후계자로 삼을 것이니 형들은 동생 금강을 도와 아버지의 염원인 후삼국 통일의 꿈을 이루어 주길 바란다."

그 말에 맏아들 신검은 즉각 분통을 터뜨렸어요.

'어떻게 첫째인 나를 제치고 넷째에게 왕위를 물려준단 말인가!'

935년 3월, 신검은 조정에서 자신을 지지하는 세력을 모아 반란을 일으켰어요. 동생 금강을 죽이고 아버지 견훤을 금산사라는 절에 가두어 버리지요. 그러고는 제멋대로 후백제의 왕으로 즉위했습니다.

졸지에 장남에게 쫓겨난 견훤은 엄청난 울분에 찼어요. 갇힌 지 석 달 만인 935년 6월, 견훤은 금산사를 탈출하지요. 그러고는 고려의 영향권에 있는 나주로 도망하여 왕건에게 도움을 요청했어요. 왕건은 유금필 장군을 보내 깍듯이 예우하며 견훤을 고려로 모셔 왔어요.

김제 금산사에 있는 미륵전 ↑

왕건은 견훤이 자신보다 열 살이 많다 하여 상보로 높이며 극진히 모셨어요. 또 남쪽 궁궐에 거처를 정해 주고 태자보다 높은 직위를 줬어요. 금과 비단 병풍과 이부자리, 노비 40명에 말 10필도 주며 정성껏 대접했지요.

> **상보**
> 아버지와 같이 존경하여 받들어 모시거나 그런 높임을 받는 사람.

견훤이 고려로 온 지 석 달 뒤 935년 9월, 왕건에게 또 한 번 기쁜 소식이 날아들었어요. 기울대로 기운 통일 신라의 경순왕이 고려에 들어온 것이에요. 수도 경주 인근의 호족들마저 왕건에게로 돌아선 마당이라 경순왕은 신라를 위해 싸워 줄 호족도 군사도 거의 없는 상황이었지요. 괜히 전쟁을 했다가는 백성들만 곤욕을 치를 게 뻔했어요. 경순왕은 전쟁으로 백성들이 희생되지 않도록 고려에 항복하기로 결심한 것입니다.

왕건은 경순왕도 견훤처럼 후하게 대접해 주었어요. 정승 벼슬을 주고, 맏딸인 낙랑 공주와 결혼까지 시켰지요. 견훤은 혼자 왔지만, 경순왕은 아예 나라를 왕건에게 바쳤어요. 그 덕에 왕건은 피 한 방울 흘리지 않고 신라를 통째로 손에 넣게 되었죠.

↑ 경순왕

HTX VIP 보태기

경순왕에 반대한 아들 '마의 태자'

신라 경순왕이 나라를 고려에 송두리째 바칠 때, 끝까지 반대한 사람이 있었어요. 바로 경순왕의 아들이에요. 〈삼국사기〉에 따르면 그 아들은 신라의 패망을 비통해하며 속세를 떠나 금강산에 들어가 삼베옷을 입고 풀뿌리를 먹으며 살았다고 해요. 그래서 사람들은 그를 '마의 태자'라고 부르며 그 절개를 칭송했다고 전해집니다.

신라가 고려에 흡수되면서 한반도 대부분이 고려 땅이 됐어요. 왕건은 신라라는 나라 이름을 없애고 경주라고 부르게 했어요. 천년 왕국 신라는 그렇게 역사의 무대에서 사라졌어요.

후백제의 멸망

이제 고려의 후삼국 통일은 시간문제! 한반도에 남은 마지막 경쟁 상대는 바로 견훤의 아들 신검의 후백제였어요.

얼마 후, 왕건은 무려 10만 대군을 동원해 후백제를 치러 갔습니다. 속전속결로 전쟁을 끝낼 작정이었어요. 그렇게 펼쳐진 일리천 전투에서 왕건의 곁에는 일흔이 된 노장군이자 불과 얼마 전까지 후백제의 왕이었던 견훤이 있었지요. 자기가 세운 나라, 후백제를 멸망시키려는 전쟁에 견훤이 앞장섰던 거예요.

왕건은 견훤에게 고려군 1만 명을 맡겼어요. 그런데 전투가 시작되기도 전에 이미 고려군이 이긴 거나 다름없었죠. 왕이었던 견훤이 후백제군을 노려보고 있는데, 무슨 싸움이 되겠어요? 후백제의 장수들은 옛 왕에게 차마 칼을 겨누지 못하다 무기를 집어 던지고는 견훤 앞으로 달려와 무릎을 꿇었어요.

〈고려사〉에는 이렇게 기록되어 있어요.

"갑옷을 벗고 창을 던져 견훤이 탄 말 앞으로 와서 항복하니, 이에 적병이 기세를 잃어 감히 움직이지 못하였다." 〈고려사〉

판세가 이렇게 되니 후백제군의 사기는 바닥에 떨어졌지요. 신검의 부하들은 제대로 싸워 보지도 못한 채 도망가는 신세가 되고 말았어요.

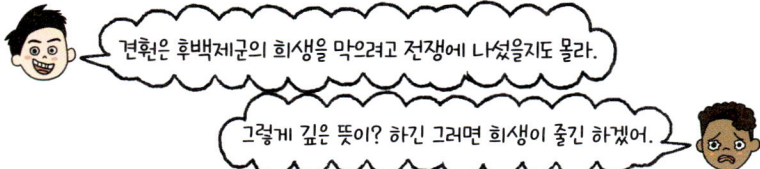

이렇게 해서 40년간 계속된 후삼국 시대는 막을 내렸어요. 왕건은 896년 아버지 손에 이끌려 후고구려 궁예의 부하 장군이 되었다가 936년 마침내 후백제의 항복을 받아 냈으니, 후삼국을 통일하는 데 40년이 걸렸지요.

왕건의 마지막 당부, 훈요십조

후삼국 통일에 성공한 왕건은 고구려를 잇겠다는 큰 뜻을 실행해 나갔어요. 만주와 요동 지방으로 뻗어 나갔던 고구려처럼 북쪽으로 영토를 넓히겠다는 '북진 정책'을 펼쳤지요.

왕건은 옛 고구려 땅을 되찾기 위해 고구려의 수도였던 평양을 '서경'(서쪽의 도읍)으로 정하고, 서경을 고려 제2의 수도로 발전시켰어요. 귀족들을 많이 이주시키고, 학교를 세워 우수한 인재를 키움으로써 서경이 북쪽으로 영토를 넓히는 발판이 되도록 했어요.

926년, 발해 멸망 당시에는 유민이 된 발해의 백성을 적극 받아들였어요. 특히 934년에는 발해 왕자 대광현을 비롯해 유민 수만 명이 들어오자 왕건은 이들에게 살 곳을 마련해 주고 땅을 일구게 했어요. 대광현에게는 왕씨 성을 내려 주고 왕족처럼 대우해 주었지요.

또 북쪽에 살고 있는 여진 사람들을 달래거나 내쫓기도 하면서 차츰 고구려의 옛 땅으로 영토를 넓혀 나갔어요. 왕건의 노력은 결실을 맺어, 말년에 고려는 서북쪽으로는 청천강 하류 안주 지방, 동북쪽으로는 영흥 지방까지 영토를 확장했어요.

태조 왕건의 또 다른 고민은 어떻게 백성들에게 새로 등장한 고려 왕조의 백성이라는 마음을 갖게 할 것인지였어요. 나라

 HTX VIP 보태기

고구려를 계승한 발해
698년 대조영은 고구려를 계승하여 고구려의 유민들이 중심이 된 발해를 세웠어요. 옛 고구려 땅인 만주를 기점으로 연해주까지 고구려의 1.5배에 달하는 영토를 차지하고 '해동성국'이라 불릴 만큼 발전했지요. 하지만 926년 거란의 침입을 막아 내지 못해 220여 년 만에 멸망하고 말았어요.

는 하나가 되었지만 통일 신라, 후백제, 고려, 발해까지 백성들의 출신이 제각각 다르다 보니 아직 모두가 한 나라의 백성이라는 마음은 부족했어요. 갈라진 백성들의 마음을 모으기 위해 태조 왕건은 '숭불 정책'을 내걸었어요.

나라는 달랐어도 불교를 수백 년 동안 믿어 왔으니 백성들의 마음을 하나로 묶는 데에 불교만큼 친숙

한 것이 없었어요. 또 전쟁에 지친 백성들의 마음을 위로하는 데에도 불교가 효과적이었지요.

왕건은 백성들이 불교에 더 가까워질 수 있게 곳곳에 절을 많이 지었어요. 왕건이 세운 절 가운데 가장 대표적인 절이 바로 HTX에서 봤던 개태사예요. 개태사는 승려 3,000명이 머무를 수 있을 정도로 큰 사찰로, 수많은 백성이 모여 불공을 드리는 곳으로 명성이 자자했답니다.

왕건은 또 통일 신라 시대 때부터 내려오던 연등회와 팔관회를 나라의 중요한 행사로 치를 것을 당부했어요. 연등회는 부처님 오신 날을 기념해 등을 켜는 행사였어요. 팔관회는 고려를 지키는 하늘 신, 산신, 바다와 강의 신에게 드리는 제사로, 나라의 안녕을 바라는 행사였지요. 왕건은 불교만 인정한 것이 아니라 예로부터 내려오는 모든 신앙을 다 받아들인 거예요. 이를 통해 고려의 백성들이 진정으로 하나가 되기를 바랐지요. 이 두 행사는 고려가 멸망할 때까지 쭉 이어졌어요.

통일을 이룬 지 7년째 되던 해인 943년 4월, 왕건은 병에 걸려 자리에 눕게 되었어요. 죽음을 예감한 왕건은 가까운 신하 박술희를 불러 '훈요십조'를 전했어요. 훈요십조는 왕이 지켜야 할 열 가지 지침이에요. 왕건은 후대 왕들이 고려를 잘 다스릴지 걱정이 많았어요. 그래서 왕들이 훈요십조를 통해 스스로 나라를 잘 다스리고 있는지 늘 돌아보며 잘못을 바로잡기를 바랐던 거예요. 이후 훈요십조는 500년 가까이 고려를 이끌어 가는 근본이 되었지요.

그해 5월, 왕건이 세상을 떠나던 날 신하들이 울자 왕건은 이렇게 말했어요.

"생명이 있는 것은 다 죽는 것인데 슬퍼들 마시오. 인생은 원래 덧없는 것이라오."

훈요십조

1조 불교를 숭상하라.
2조 절을 함부로 짓지 말라.
3조 왕위는 맏아들 계승이 원칙이나 현명하지 못하면 다른 아들이 왕위를 잇게 하라.
4조 중국의 제도를 무조건 따르지 말고, 거란의 풍속은 본받지 말라.
5조 서경을 중시하라.
6조 연등회와 팔관회를 성대히 하라.
7조 신하의 충언에 귀 기울이고, 백성의 부역을 가볍게 하라.
8조 차령 이남 공주강(금강) 사람들은 등용하지 말라.
9조 신하들의 녹봉을 공평하게 하라.
10조 경전과 역사책을 읽어 옛일을 거울 삼으라.

수많은 전쟁터를 누비며 시대의 영웅들과 자웅을 겨루었던 태조 왕건. 마침내 최초의 민족 통일이라는 큰 발자국을 역사에 남기고 67세에 파란만장한 삶을 마쳤습니다.

"모두 후삼국 통일 과정에 푹 빠졌던 것 같네요. 박사님, 어떠셨어요?"

한 쌤이 매직 윈도 버튼을 누르며 고 박사님에게 물었어요.

"마치 의형제처럼 함께 힘을 모아 후고구려의 기틀을 다져 간 궁예와 왕건 두 사람이 비극적인 결말을 맞게 된 것이 안타까웠지요. 하지만 500년 역사를 이어 갈 고려를 건국했다는 점에서 의미를 찾을 수 있어요."

그 말에 이어 고 박사님은 고려의 후삼국 통일이 갖는 의미도 설명해 주었어요.

"궁예, 견훤, 왕건을 비교해 보면 아무리 왕이라도 백성의 마음을 무시해서는 안 된다는 사실을 알게 됩니다. 민심을 얻은 자가 결국 후삼국을 통일했다는 사실이, 지금의 우리에게 주는 역사의 큰 교훈이에요."

그러자 마이클이 나섰어요.

"궁예가 폭정을 하는 모습은 비난받아 마땅해요. 하지만 그래도 고통받았던 백성들을 위하는 마음으로 새 나라를 세우려고 했다는 사실도 새로 알게 돼서 좋았어요."

만세도 한마디 했어요.

"저는 무엇보다도 왕건이 다른 나라의 도움 없이 통일했다는 점이 마음에 들었어요. 게다가 신라 때 빼앗겼던 북쪽 영토를 일부 되찾았잖아요."

여주도 고개를 끄덕이며 말했어요.

"맞아요. 그리고 통일한 뒤에 발해, 후백제, 통일 신라의 여러 백성을 두루 포용하고, 백성들의 마음을 하나로 모으기 위해 노력하는 모습이 참 인상 깊었어요. 궁예는 초심을 잃고 폭군이 되었지만요."

마이클은 신숭겸 장군을 떠올렸어요.

"저는 왕건을 위해 목숨을 바친 신숭겸 장군이 기억에 남아요. 후삼국을 통일하는 과정에서 이렇게 자기 목숨을 아끼지 않은 사람들이 있었다는 것을 후손들이 기억한다면, 그 죽음이 헛되지 않을 거예요."

한 쌤이 마이클의 생각을 거들었어요.

"맞아요. 왕건은 현명하고 전투 실력이 빼어난 장수였지만, 그의 힘만으로 고려 건국과 후삼국 통일을 이룬 건 아니었죠. 결정적인 순간마다 왕건을 도운 사람들이 있었어요!"

여주가 생각났다는 듯 눈을 크게 뜨며 말했어요.

"저는 경순왕을 다시 보게 됐어요. 신라의 마지막 왕이니까 나약한 왕일 줄 알았는데, 백성을 전쟁으로 내몰지 않고 고려에 들어갔잖아요. 그 덕분에 백성들이 희생되지 않았고요. 그런 결단도 아무나 못하는 거라고 생각해요."

한 쌤도 말했어요.

"궁예와 왕건, 견훤을 중심으로 그 시대를 여행했지만 그 외의 한 사람 한 사람이 다 제 역할을 하고 있었다는 것 또한 깨닫는 시간이었어요. 새로운 것을 속속 발견하게 되어서 역사 여행이 참 재미있지 않나요?"

한 쌤이 말하자 아이들이 한목소리로 대답했어요.

"네!"

그 모습에 흐뭇해진 한 쌤은 빙긋 웃으며 말했어요.

"자, HTX가 다음 여행에서는 우리를 어느 시대로 데려갈지, 다음 벌거벗은 한국사 여행을 기약하며, 안녕!"

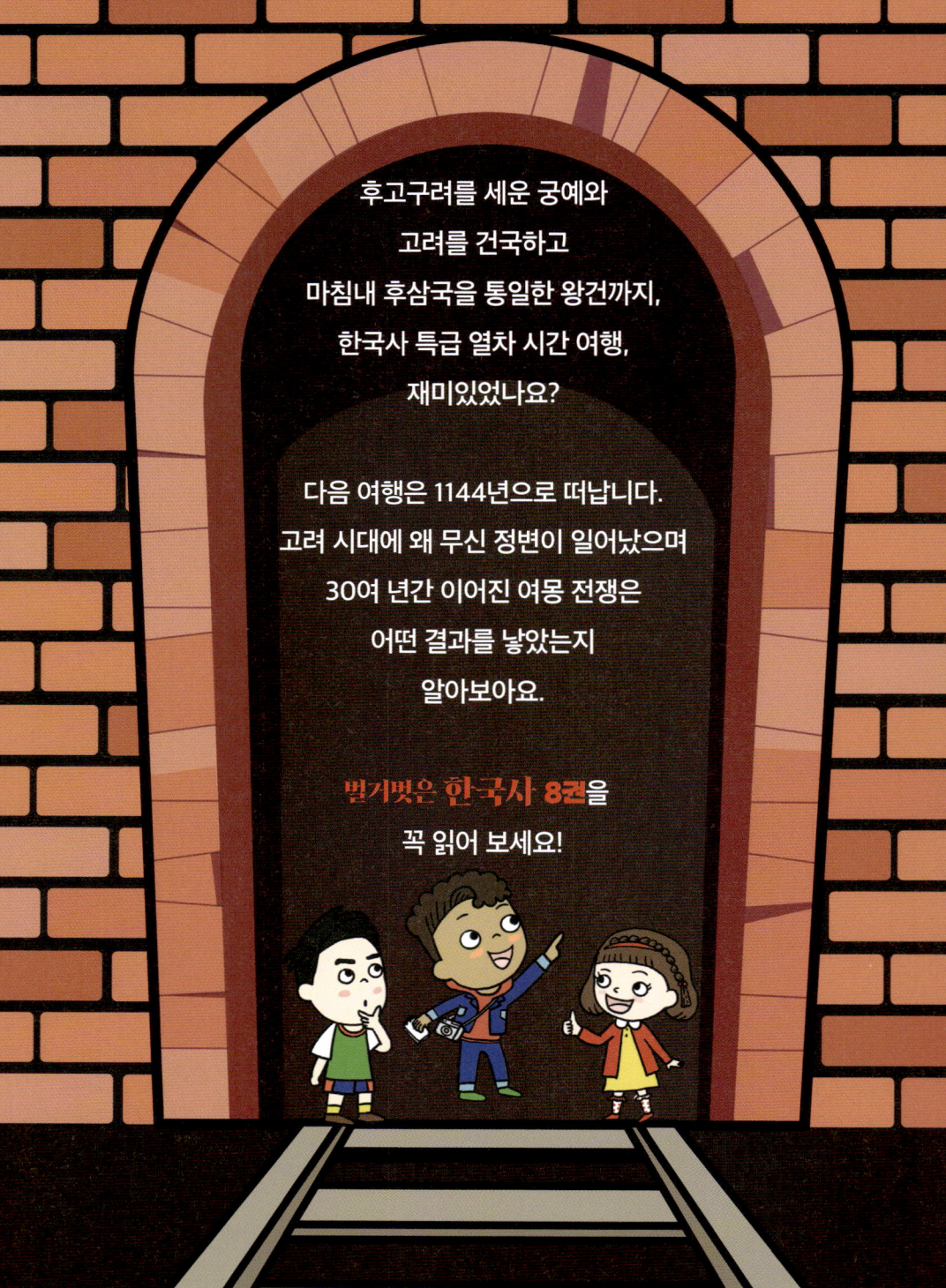

역사 정보

❶ 시대 배경 살펴보기
❷ 인물 다르게 보기
❸ 또 다른 역사 인물들

◈ 주제 마인드맵 ◈

벌거벗은 한국사 퀴즈

◈ 궁예 편
◈ 왕건 편
◈ 정답

통일 신라 말기에 등장한 선종과 미륵 신앙

통일 신라는 혜공왕 이후부터 무려 150여 년간, 왕위 다툼에 휩싸여 왕권이 약해지고 정치는 혼란에 빠졌어요. 그러자 지방 호족이 전국에서 일어났고 궁예, 견훤, 왕건이라는 뛰어난 세 영웅이 승부를 가르는 후삼국 시대가 열렸지요. 불안과 혼돈의 시대였던 만큼 새로운 세상을 바라던 사람들 사이에 새로운 사상이 퍼져 나갔어요.

선종, 불교의 새 경향

통일 신라 말에는 어려운 교리를 공부하거나 경전을 외우지 않아도 '참선'을 통해 부처가 될 수 있다는 '선종'이 유행했어요. 참선은 자기의 본성을 간파하기 위해 마음을 한곳에 모아 고요히 생각하는 수행법이에요. 승려들은 문자를 깨치지 못해도 누구나 부처가 될 수 있다고 가르치며 평등사상을 실천함으로써 신라의 신분제인 골품제를 부정했어요.

글을 몰라도 부처가 될 수 있어요!

그래서 선종은 골품제의 모순 때문에 차별받았던 6두품 세력과, 중앙 귀족들에 비해 문자에 약했던 지방 호족들에게 크게 환영받았어요. 인간은 누구나 부처가 될 수 있다라는 선종의 교리는 진골 귀족이 아니라도 누구나 왕이 될 수 있다는 뜻으로 통했지요. 선종을 받아들인 여러 지방 호족이 사원을 지어 후원하면서 선종이 크게 발전했어요.

미륵 신앙

'미륵'은 미래의 부처예요. 석가모니가 현재의 세상을 구해 주는 부처라면, 미륵은 석가모니 다음에 나타나 석가모니가 구제하지 못한 사람들까지 모두 구해 주는 부처지요.

혼란과 전쟁에 시달리던 백성들에게 미륵은 살기 좋은 세상을 약속하는 희망의 신이었어요. 백성들에게 희망을 준 미륵 신앙은 새로운 세상을 바라는 개혁 사상과 연결되기도 했지요.

미륵 신앙이 널리 퍼지면서 통일 신라 시대에는 물론 그 이후에도 많은 미륵 불상이 만들어졌어요. 그중 일부는 지금까지도 전해지고 있어요.

대표적으로 논산 관촉사 석조미륵보살입상이 있어요. 우리나라 최대 규모의 석불로, 2018년 국보로 지정되었어요.

고려 시대에 만들어진 석조미륵보살입상 ↑

궁예와 왕건, 새로운 나라를 향한 꿈

옛 고구려의 영토를 되찾고 후삼국 통일을 하기 위해 함께 노력했던 궁예와 왕건. 같은 목표를 추구했지만 결국 엇갈리고만 두 사람의 또 다른 면모를 알아보아요.

궁예, 신분이 아니라 능력을 중시했다고?

궁예는 혼란했던 통일 신라를 넘어 어떤 나라를 만들고 싶었을까요? 궁예의 꿈과 이상은 세 번째 국호인 태봉에서 짐작해 볼 수 있어요.

태봉은 서로 뜻을 같이해 화합하는 세상이라는 의미예요. 후고구려·통일 신라·후백제를 통합해서 조화를 이룬 통일 국가를 세우겠다는 이상이 담겨 있지요.

실제로 궁예는 신라의 골품제를 없애고 새로운 제도를 시행하려고 했어요. 골품제 아래에서는 태어나면서부터 혈통에 따라 신분이 정해졌고, 그에 따라 나갈 수 있는 관직에 한계가 있었어요. 궁예는 혈통이 아니라 개인의 능력에 따라 관직을 얻는 제도로 바꾸고자 했습니다. 신분제 사회의 문제점을 꿰뚫어 보았던 것이지요.

왕건은 왜 친신라 정책을 펼쳤을까?

궁예를 몰아내고 고려의 왕이 된 왕건은 후삼국 통일의 과업 앞에서 통일 신라와 어떻게 관계를 맺어야 할지 고민이 컸어요. 당시 통일 신라는 군사적으로 매우 허약했지만, 그럼에도 왕건은 친신라 정책을 펼쳤지요.

통일 신라는 비록 부패와 분열로 약골이 되었지만, 그래도 여전히 인구가 많았고, 강력한 호족들도 있었어요. 그뿐만 아니라 천년 왕실의 전통과 문화가 있었으니 장차 통일한 나라를 다스리려면 신라 호족들의 지지와 신라 왕실의 후광을 얻어야 한다고 생각했지요.

그래서 왕건은 신라를 위해 후백제와 싸웠을 뿐 아니라 동해안으로 침범하는 북방 민족을 쫓아내는 등 신라를 도왔어요. 이렇게 신라를 끌어안는 정책으로 왕건은 마침내 통일의 주도권을 잡을 수 있었어요.

통일 신라 말기에 활약한 최치원과 장보고

통일 신라의 국력은 날로 쇠약해졌지만, 뛰어난 인물은 끊이지 않고 등장했어요. 그 가운데 통일 신라뿐 아니라 중국과 일본에까지 이름을 떨쳤던 최치원과 장보고를 소개합니다.

대문장가, 최치원

최치원은 통일 신라의 6두품 집안에서 태어났어요. 골품제가 엄격한 신라에서는 높은 관직에 오를 수 없어 12세의 어린 나이에 당나라로 유학을 떠났어요. 그리고 18세에 빈공과(외국인이 보는 과거 시험)에 합격했지요. 이후 당나라 관리로 활동했는데 이 무렵 당나라에서 일어난 '황소의 난' 때 〈격황소서〉(이른바 '토황소격문')라는 격문을 써서 당나라와 통일 신라에 문장가로 이름을 떨쳤어요.

↑ 최치원

최치원은 귀국한 후 진성 여왕에게 어지러운 신라 사회를 바로잡기 위해 '시무 10조'라는 개혁안을 올렸어요. 하지만 이는 특권을 뺏기기 싫었던 진골 귀족들이 반대해 시행되지 못했어요.

이후 그는 관직을 버리고 전국을 다니며 많은 글을 남겼는데, 대표적인 저서가

History information

바로 〈계원필경〉이에요. 비록 최치원의 개혁안은 실패로 돌아갔지만, 그의 사상은 훗날 고려가 정치 이념을 세우는 데 많은 영향을 주었답니다.

바다의 왕, 장보고

장보고는 해상 무역으로 막대한 재물과 군사를 모아 호족이 된 장군이에요. 장보고도 당나라로 건너가 군인이 되었는데, 말을 달리고 창을 쓰는 데에서 그를 대적할 사람이 없었다고 해요.

당나라의 무관으로 있을 때, 장보고는 해적에게 잡혀 와 고생하는 통일 신라 사람들을 보고는 828년에 신라로 돌아왔어요. 그리고 신라의 흥덕왕에게 해적을 소탕하기 위해 지금의 완도에 청해진을 설치하자고 건의했어요. 왕은 이를 수락하여 장보고에게 군사 1만 명을 내주었지요.

청해진 덕분에 해적은 자취를 감추었어요. 그 뒤 청해진은 군사 기지이자 통일 신라와 일본, 중국을 연결하는 동아시아 삼각 무역의 중심지가 되었어요.

청해진이 있었다고 전해지는 장도 ↑

비슷한 꿈을 꾸었지만 서로 다른 길을 간 궁예와 왕건

통일 신라 말기의 혼란을 잠재우고 도탄에 빠진 백성들을 구하고자 했던 두 사람, 궁예와 왕건은 출생부터 통치 방식까지 많은 것이 달랐어요. 두 사람의 일생을 비교해 보아요.

불운한 출생
- 신라 왕족이지만 태어나자마자 버림받음
- 한쪽 눈을 잃음

후고구려 건국
- 옛 고구려 지역
- 잦은 국호 변경: 고려→마진→태봉
- 왕권 강화 정책: 송악에서 철원으로 천도

비참한 최후
- 신격화: 자칭 미륵불
- 공포 정치
- 마음을 읽는 관심법
- 민심이 떠남
- 이인자 왕건의 반란

궁예, 영웅에서 폭군으로

 History information

고려 건국과 후삼국 통일

왕건, 이인자에서 왕으로

풍요로운 출생
- 부유한 송악 호족 집안
- 뛰어난 해군력

후삼국 통일 달성
- 친신라 정책
- 호족 세력의 지지
- 후백제 견훤의 귀부
- 신라 경순왕의 귀의
- 발해 유민 포용
- 민심을 돌린 세금 감면

고려의 기초를 다진 훈요십조
- 북진 정책: 서경 우대
- 사회 통합: 불교 숭상
- 균형 외교

벌거벗은 한국사 퀴즈 궁예 편

한국사능력검정시험 제61회 11번

 (가)에 들어갈 인물에 대한 설명으로 옳은 것은? (　　)

1100년 태봉의 이음, 태봉제

신라 왕족 출신으로 알려진 (가)이/가 세운 나라 태봉! 태봉의 도읍 철원에서 역사의 숨결을 느낄 수 있는 태봉제가 다채롭게 진행됩니다. 여러분의 많은 관심과 참여 바랍니다.

주요 행사

태봉 제례

어가 행렬

① 발해를 멸망시킨 거란을 적대시하였다.
② 미륵불을 자처하며 왕권을 강화하였다.
③ 신라를 공격하여 경애왕을 죽게 하였다.
④ 노비안검법을 시행하여 재정을 확충하였다.
⑤ 청해진을 설치하여 해상 무역을 장악하였다.

2016학년도 7월 고3 전국연합학력평가

 다음 지도의 제목으로 적절한 것은? (　　)

① 삼정의 문란과 농민 봉기
② 신라 말 호족 세력의 대두
③ 임진왜란 시기의 의병 활동
④ 무신 집권기 하층민의 저항
⑤ 홍건적과 왜구를 격퇴한 무인들

3 다음에서 설명하는 인물로 옳은 것은? (   )

〈삼국사기〉에 의하면 이 사람은 수많은 청주 사람을 철원으로 옮기고 이곳을 태봉의 도읍으로 삼았다고 합니다.

① 견훤
② 궁예
③ 온조
④ 주몽

한국사능력검정시험 제50회 10번

4 밑줄 그은 '이 인물'에 대한 설명으로 옳은 것은? (   )

신라 왕실의 후예로 알려진 이 인물은 양길의 부하가 되어 세력을 키웠다.

이후 그는 송악을 도읍으로 삼아 새로운 국가를 세웠다. 스스로를 미륵불이라 칭하였다.

① 훈요십조를 남겼다.
② 청해진을 설치하였다.
③ 백제 계승을 내세웠다.
④ 국호를 태봉으로 바꾸었다.

벌거벗은 한국사 퀴즈 왕건 편

한국사능력검정시험 제66회 11번

 다음 사건이 일어난 시기를 연표에서 옳게 고른 것은? (   )

887	896	918	927	936
	(가)	(나)	(다)	(라)
진성 여왕 즉위	적고적의 난	고려 건국	공산 전투	후삼국 통일

① (가)   ② (나)   ③ (다)   ④ (라)

 (가) 인물에 대한 설명으로 옳은 것은? (   )

① 공산 전투에서 전사하였다.
② 금마저에 미륵사를 창건하였다.
③ 927년 신라를 기습 공격하였다.
④ 국호를 마진으로 바꾸고 철원으로 천도하였다.

한국사능력검정시험 제63회 10번

다음의 왕에 대한 설명으로 옳은 것은? (   )

짐의 후사들이 나라의 기강을 어지럽힐까 걱정되어 훈요십조를 남기니, 후세에 전하여 귀감으로 삼도록 하라.

① 집현전을 설치하였다.
② 기인 제도를 실시하였다.
③ 나선 정벌을 단행하였다.
④ 노비안검법을 시행하였다.

한국사능력검정시험 제61회 9번

밑줄 그은 '왕'의 정책으로 옳게 고른 것은? (   )

저는 지금 신숭겸 장군의 충정을 기리는 대구 표충단에 나와 있습니다. 그는 공산 전투 당시 위기에 빠진 왕을 구하기 위해 싸우다가 이곳에서 전사했다고 합니다.

① 빈민 구제를 위해 흑창을 설치하였다.
② 12목에 지방관을 처음으로 파견하였다.
③ 외침에 대비하여 개경에 나성을 축조하였다.
④ 관학 진흥을 목적으로 양현고를 운영하였다.
⑤ 쌍기의 건의를 수용하여 과거제를 시행하였다.

벌거벗은 한국사 퀴즈 정답

 History information

궁예 편

1. ② 미륵불을 자처하며 왕권을 강화하였다.
2. ② 신라 말 호족 세력의 대두
3. ② 궁예
4. ④ 국호를 태봉으로 바꾸었다.

왕건 편

1. ④ (라)
2. ③ 927년 신라를 기습 공격하였다.
3. ② 기인 제도를 실시하였다.
4. ① 빈민 구제를 위해 흑창을 설치하였다.

사진 출처

8쪽 　태조 왕건상_한국문화유산정책연구소
18쪽 　태봉국 궁궐 모형_연합뉴스
44쪽 　명성산_한국민족문화대백과사전
52쪽 　석조미륵불좌상_국립중앙박물관
61쪽 　포천 반월성_한국민족문화대백과사전
62쪽 　한탄강_박종우, 〈DMZ 2881〉, 한국저작권위원회, 공유마당
64쪽 　개성전도_규장각한국학연구원
67쪽 　순천 선암사 선각국사 도선 진영 _위키미디어(Pablodrake1)
70쪽 　김명국〈김명국필달마도〉 _국립중앙박물관
80쪽 　논산 개태사 철확_위키미디어(Steve 46814)
81쪽 　개태사지_국가유산청
96쪽 　포석정 터_위키미디어
101쪽 　춘천 신숭겸 묘_한국민족문화대백과사전
　　　　신숭겸 장군 유적 표충단 비석_국가유산청

104쪽 　안동차전놀이 어깨 밀기 _국가유산청
107쪽 　김제 금산사 미륵전 _국가유산청
108쪽 　하동 경천묘 경순왕 어진 _한국민족문화대백과사전
123쪽 　논산 관촉사 석조미륵보살입상 _국가유산청
126쪽 　채용신, 〈채용신이모최치원상〉 _한국데이터산업진흥원(김달진미술연구소), 공유마당
127쪽 　장도_위키미디어(완도군청)

표지 　논산 개태사지 석조여래삼존입상 _국가유산청
　　　안성 칠장사 범종각_국가유산청
　　　철원 도피안사 삼층석탑 _국가유산청

벌거벗은 한국사

❼ 후삼국 시대의 맞수 궁예와 왕건

기획 | tvN STORY 〈벌거벗은 한국사〉 제작진 | 글 윤진숙 | 그림 이효실 | 감수 임기환

1판 1쇄 발행 | 2024년 6월 19일
1판 2쇄 발행 | 2025년 1월 29일

펴낸이 | 김영곤
아동부문 프로젝트1팀장 | 이명선
기획개발 | 채현지 김현정 강혜인 최지현 이하린
아동마케팅팀 | 장철용 양슬기 명인수 손용우 이규림 최윤아 송혜수 이주은
영업팀 | 변유경 김영남 강경남 황성진 김도연 권채영 전연우 최유성
디자인 | 박수진 **구성** | 김선아 **제작** | 이영민 권경민

펴낸곳 | (주)북이십일 아울북
등록번호 | 제406-2003-061호 **등록일자** | 2000년 5월 6일
주소 | 경기도 파주시 회동길 201(문발동) (우 10881)
전화 | 031-955-2145(기획개발), 031-955-2100(마케팅·영업·독자문의)
브랜드 사업 문의 | license21@book21.co.kr
팩시밀리 | 031-955-2177
홈페이지 | book21.com

ISBN 978-89-509-4305-9
ISBN 978-89-509-4298-4(세트)

Copyright©2024 Book21 아울북·CJ ENM. ALL RIGHTS RESERVED.
이 책을 무단 복사·복제·전재하는 것은 저작권법에 저촉됩니다.

• 잘못 만들어진 책은 구입하신 서점에서 교환해 드립니다.
• 가격은 책 뒤표지에 있습니다.

⚠ **주의** 1. 책 모서리가 날카로워 다칠 수 있으니 사람을 향해 던지거나 떨어뜨리지 마십시오.
2. 보관 시 직사광선이나 습기 찬 곳을 피해 주십시오.

• 제조자명 : (주)북이십일
• 주소 및 전화번호 : 경기도 파주시 회동길 201(문발동)/031-955-2100
• 제조연월 : 2025.1.29
• 제조국명 : 대한민국
• 사용연령 : 3세 이상 어린이 제품

• **일러두기** 이 책에 나오는 지명과 인명은 《표준국어대사전》을 따라 표기하였고,
규범 표기가 미확정일 경우 감수자의 자문을 거쳐 학계의 표기를 따랐습니다.

비교하면 더 잘 보이는 역사!

우리나라의 후삼국 시기, 세계에서는 어떤 일이 일어나고 있었을까요?
한국사와 비슷한 시대의 세계사 사건들을 퀴즈로 풀어 보며,
두 역사의 연결 고리를 찾아보세요!

로마의 정치 체제가 어떻게 바뀌어 갔는지 시대 순서에 맞기 번호를 써 보세요.

왕정 원로원에서 투표로 뽑은 왕이 다스린 시대	공화정 원로원, 민회, 집정관이 견제와 균형을 이룬 시대	제정 황제가 권력을 독점하여 제국을 다스린 시대
( )	( )	( )

로마가 기원전 3세기 중엽부터 2세기 중엽까지 카르타고와 치른 전쟁을 포에니 전쟁이라고 해요. 다음 문장에 알맞은 낱말을 골라 ○ 해 보세요.

① 로마는 카르타고의 영향력 아래에 있는 (로도스섬 / 시칠리아섬)을 차지하기 위해 1차 전쟁을 일으켜 승리했다.
② 카르타고의 (한니발 / 스키피오) 장군은 알프스산을 넘어 로마를 공격하며 2차 전쟁을 일으켰으나 로마가 역전승을 거두었다.
③ 로마는 카르타고를 폐허로 만든 3차 전쟁으로 (지중해 / 아프리카) 패권을 장악했다.